레오 스트라우스가 들려주는
정치 이야기

레오 스트라우스가 들려주는

정치 이야기

ⓒ 육혜원, 2008

초판 1쇄 발행일 2008년 7월 4일
초판 10쇄 발행일 2023년 2월 1일

지은이   육혜원
그림   지영이
펴낸이   정은영
펴낸곳   (주)자음과모음

출판등록   2001년 11월 28일 제2001-000259호
주소   10881 경기도 파주시 회동길 325-20
전화   편집부 (02)324-2347 경영지원부 (02)325-6047
팩스   편집부 (02)324-2348 경영지원부 (02)2648-1311
e-mail   jamoteen@jamobook.com

ISBN 978-89-544-0816-5 (64100)

레오 스트라우스가 들려주는
정치 이야기

육혜원 지음

㈜ 자음과모음

책머리에

 정치는 우리 일상생활과 밀접한 관계를 맺고 있습니다. 이 책에서 펼쳐지는 주인공 지훈이의 학교생활과 친구관계도 정치 이야기로 볼 수 있습니다. 우리는 혼자서는 살 수 없고 친구와 이웃과 사회와 관계를 맺고 살아갑니다. 이렇게 더불어 살아가는 과정에서 좋은 일도, 마음 아픈 일도 겪기 마련이지요. 이러한 여러 경험을 해 나가면서 나와 이웃, 사회의 관계를 올바르게 세워나가는 과정이 바로 정치이기도 합니다.

 지훈이는 농구 동아리의 집단 이기심에 희생되어 경기에 참가하지 못하게 되면서 많은 고민을 합니다. 우리는 지훈이가 겪는 고민과 갈등 속에서 사회생활의 여러 모습들을 볼 수 있습니다. 또한 한 걸음 더 나아가 사회생활에서 올바른 자세가 무엇인가, 어떻게 행동하는 것이 바람직한가에 대해서도 생각해 보았으면 합니다. 바로 이것이 정치를 배워 나가는 방법이기도 하니까요.

 레오 스트라우스 말에 따르면 "국가는 인습에 의해 하나로 합쳐진 집합체"입니다. 그런 만큼 집단의식이 생기기 쉽지요. 농구 동아리의 집단 이기심이나 국가의 집단 이기심은 그 안에 속한 사람들에게 고통을 준다는 점에서 큰 차이가 없습니다. 국가가 모든 권력을 가지고 국민을 억누른다고 생각해 봅시다. 그런 국가에서 살아가는 시민들은 국가를 위한다는 이유로 많은 희생을 하게 됩니다.

레오 스트라우스는 가장 이상적인 정치 체제 국가는 국민을 억누르지 않고, 국가 속에 사는 시민들은 상호 존중을 통해 합의를 이루는 것으로 생각했습니다. 국가든 집단이든 각기 자신들만의 이기심을 추구해서는 좋은 정치 체제를 이룰 수 없다는 것이지요.

'우물 안 개구리'의 모습을 벗어나 집단 이기심을 극복해야 합니다. 그러려면 개인과 집단, 시민사회와 국가, 세계의 국가들이 서로 이해하고 차이를 인정해야 합니다. 그리고 상호 합의를 통해 훌륭한 삶을 살 수 있도록 노력해야 하는 것이지요.

철학은 '내가 누구인가?'를 묻지만, 정치철학은 '어떻게 살아야만 하는가?'에 더 관심을 기울입니다. 레오 스트라우스는 훌륭한 삶을 살기 위한 방법을 그리스의 고전 정치철학에서 찾았습니다. 특히 소크라테스의 철학에서 많은 교훈을 얻었죠.

이 책은 '사회 속에서 어떻게 살아야 현명하고 지혜로운 사람이 될까?'라는 물음과 답을 제시합니다. 레오 스트라우스의 정치철학은 우리에게 낯설고 어려운 것이 사실입니다.

하지만 차근차근 이해해 나간다면 조금씩 레오 스트라우스의 가르침이

전달되리라 믿습니다.

　이 책을 쓰는 동안 바쁜 엄마를 이해하며 환하게 웃어준 딸 이화에게 고
마움을 전합니다.

2008년 7월

육혜원

C O N T E N T S

　내가 다니는 초등학교는 농구부로 유명한 학교입니다. 재작년 이 학교에 전학 왔을 때 나는 태어나서 처음으로 농구 시합을 보았습니다. 멋진 드리블, 날렵한 패스, 들어가지 않을 듯하면서 그물을 뚫고 나오는 3점 슛. 어찌나 대단하던지 경기 내내 넋을 잃고 구경했습니다. 그 뒤부터 나는 동네 아이들이 모여 농구 시합을 하면 은근슬쩍 끼어들어 농구를 배우곤 했습니다. 운동이라면 정말 질색이었지만 농구는 아주 재밌었거든요.

　하루는 동네 아이들과 편을 나누어 3대 3 농구를 하고 집에 왔는데 엄마가 눈을 동그랗게 뜨시고 물으셨습니다.

　"너 물웅덩이에서 넘어졌니? 옷이 왜 그 모양이야?"

　"농구를 했더니 땀이 나서 그래요."

　"네가 농구를 해? 운동이라면 질색하는 녀석이 농구는 언제 배웠대?"

　"동네 애들한테 좀 배웠어요."

"같은 반 친구들이니? 집에 놀러오라고 하지."

"그냥 동네 애들이에요. 농구를 하고 있기에 가르쳐 달라고 했죠 뭐."

"하여튼 우리 아들 넉살도 좋아. 하하하."

다음 날 나는 뜻밖의 선물을 받았습니다. 글쎄 알뜰살뜰 짠순이 우리 엄마가 농구공을 사 주신 거예요. 내가 사 달라고 조르지도 않았는데 말이지요. 엄마는 '이사 온 지 얼마 되지도 않았는데 벌써 동네 아이들과 친하게 지내다니 기특하다', '운동을 너무 안 해서 걱정스러웠는데 이제는 농구를 열심히 해야 한다'고 한참 동안 들뜬 목소리로 말씀하셨습니다.

나는 깜짝 선물에 신이 나서 농구공을 들고 동네 공터로 뛰어나갔습니다. 새 농구공을 구경하려고 동네 아이들이 하나 둘 모여들었습니다. 덕분에 내가 인기 최고가 된 것은 당연한 일이었어요.

나는 동네 아이들과 거의 날마다 농구를 했습니다. 새 농구공이 반질반질해져 볼링공처럼 보일 정도로요. 급기야 우리들은 학교에 농구 동아리를 만들자는 얘기까지 하게 되었습니다.

우리들은 각 학년, 각 반에 소문을 퍼뜨렸습니다.

"그러니까 농구 동아리를 만들어보면 어떻겠냐 이거야."

"그럼, 나도 유명한 농구 선수가 되는 거냐? 와! 진짜 좋겠다."

"어이구, 농구 선수가 되고 싶으면 농구부에 들어가야지."

"농구부가 들어가고 싶다고 들어갈 수 있는 덴가 뭐."

"혹시 알아? 농구 동아리에서도 농구 스타가 나올지?"

"농구부가 있는데 농구 동아리를 만들어 주실까?"

다들 한마디씩 하는 바람에 갑자기 교실 안이 떠들썩해졌습니다. 이때 성윤이가 아이들을 향해 진지하게 말했습니다.

"우리가 아무리 얘기해 봤자 학교에서 허락하지 않으면 안 되니까 일단 체육 선생님께 말씀드려 보자."

참, 성윤이를 소개하지 않았네요. 성윤이는 동네 아이들 중 한 명인데 같은 학년이어서 친하게 된 친구입니다. 내 친구지만 정말 믿음직스럽고 의젓하다니까요.

우리들은 여러 친구들의 의견을 모아 체육 선생님께 건의를 했습니다. 체육 선생님께서는 한참 동안 생각하시더니 농구 동아리를 맡아 주시겠다고 하셨습니다.

"단, 5학년과 6학년만 들어올 수 있도록 한다. 또 인원이 스무 명 넘으면 시합을 통해서 스무 명만 뽑는다."

조금 까다로운 조건이 붙기는 했지만 결국 농구 동아리가 만들어졌습니다. 학년이 낮아서 들어올 수 없는 아이들은 물론이고 농구 시합에서 떨어져 들어오지 못한 아이들도 많았습니다.

나와 성윤이는 거의 날마다 농구를 해서 그런지 농구 동아리에 들어갈 수 있었습니다. 나는 기뻐서 당장이라도 덩크슛을 할 수 있을 것만 같았습니다.

이렇게 농구 동아리가 만들어진 것이 벌써 1년 전 일입니다. 그동안 우리 동아리는 아무 문제가 없었습니다. 농구부와 사이가 좋지 않았던 일만 빼면요.

그런데 얼마 전에 새로 오신 체육 선생님 때문에 우리 동아리는 찬밥 신세가 되었습니다. 그 선생님께서 농구부가 있는 학교에 농구 동아리는 필요 없다고 선언하셨거든요.

우리 동아리는 체육 선생님의 선언 이후 농구장 근처에도 갈 수가 없었습니다. 자신들의 영역을 침범한다고 생각했던 농구부가 체육 선생님만 믿고 우리 동아리 출입을 막은 거예요. 우리들은 어쩔 수 없이 농구부 아이들에게 밀려나고 말았습니다.

우리 동아리는 운동장 한 편에 있는 농구 골대에서 연습을 해야 했습니다. 지난 번 연습 때는 눈물이 날 뻔해서 참느라 무지 애를 썼어요. 기울어진 농구 링과 너덜너덜한 농구 그물을 보고 무척 속이 상했거든요.

이건 다 우리 동아리의 회장 탓입니다. 회장이라면서 매번 지각이나 하고, 늘 폼만 잔뜩 잡고…….

오늘도 30분이나 지났는데 도대체 어딜 갔는지 회장은 그림자도 보이지 않네요.

"오늘도 지각이야. 회장이 이래도 되는 거야?"

"무슨 일이 있겠지. 상민이가 이유 없이 늦는 애는 아니잖아. 전에도 농구장이나 교무실 다녀오느라 늦었고, 또…….."

"그걸 어떻게 알아? 어디서 놀다가 지각하는 게 틀림없어."

나는 성윤이의 말에 더 화가 나서 말했습니다. 성윤이는 내 친구라면서 왜 회장 편을 드는 건지 모르겠어요.

그때였습니다. 회장을 찾으러 간다던 인석이가 숨을 헐떡이며 뛰어왔습니다.

"얘들아, 빅뉴스야, 빅뉴스. 상민이가……. 휴우."

인석이는 숨이 가쁜지 잠깐 뜸을 들였습니다. 어느새 아이들이 모여들어 인석이가 무슨 말을 할지 기다리고 있었습니다.

"상민이가 말이야. 농구부 주장이랑 한판 붙었는데, 농구부 주장의 코를 납작하게 만들어 놨대."

"뭐? 얼마나 때렸는데 그래?"

"아니, 농구부 주장이랑 농구 대결을 했는데 상민이가 거의 날아다녔나 봐. '피구계에 피구왕 통키가 있다면, 농구계에는 농구왕 상민이가 있다' 이 정도였나 보더라."

"그래서? 상민이는 지금 뭐 해?"

"글쎄? 농구부 애들 때문에 어수선해서 잘 못 봤어. 오늘은 연습 없다고 소리치는 것만 들었거든."

"역시 상민이는 대단해. 이제 농구부 녀석들 잘난 척 못하겠지?"

"상민이 정도면 농구부에 들어가서 주장도 했을 텐데 왜 농구부에 들어가지 않았을까?"

"난 앞으로 우리 회장을 농구왕이라 부를 거야."

아이들은 저마다 회장을 칭찬하느라 정신이 없었습니다. 아이들이 너무 감탄을 하고 있으니까 나는 뭐라 말을 할 수가 없었습니다.

'치, 자기네들이 본 것도 아니면서……. 농구 연습하기 싫어서 꾀부린 게 분명해. 책임감 없는 녀석.'

인간 사회와 정의

 나이 든 시민만큼은 젊은이가 자리에 없을 경우 자신과 동년배의
행정관 앞에서 그와 같은 신적인 법에 대해 비판을 할 수 있다.

― 레오 스트라우스

1 사람은 정말 홀로 살아갈 수 없는 걸까?

회장을 칭찬하느라 한창 열을 올리던 아이들이 하나 둘 흩어져서 집으로 돌아가고, 나도 가방과 농구공을 챙겨 집으로 향하고 있었습니다.

"다녀왔습니다."
"어, 잘 다녀왔니? 이 쿠키 한번 먹어볼래? 엄마가 새로 구상한 작품이야."

"안 먹을래요. 저 그만 2층에 올라갈게요."

"지훈아, 좀 먹어 봐."

나는 대꾸도 하지 않고 2층으로 올라왔습니다. 우리 집은 2층짜리 건물인데, 1층은 엄마가 운영하시는 빵집이고, 2층에 우리 가족이 생활하는 공간이 있습니다.

"지훈아, 학교에서 무슨 일 있었니? 빵이라면 자다가도 벌떡 일어나는 녀석이 웬일로 먹기 싫대?"

"아무 일도 없어요. 그냥 농구공이 무거워서 그런가 봐요."

"하하하, 지금 네 모습을 보니 농구공을 든 도널드 덕이 생각나는데. 입은 툭 튀어 나와서……."

"……."

"오늘따라 이상하네. 아무 일 없다면서 웃지도 않고. 아, 알았다. 너 가게 보기 싫어서 일부러 그러는 거지? 그래도 소용없어. 엄마 이제 나가봐야 해."

"어디 가시는데요?"

"모르는 척하기는. 어제 엄마가 부녀회 모임 있다고 말하지 않았니?"

"엄마, 오늘만 안 가시면 안 돼요? 저 진짜로 가게 볼 기분이 아니란 말이에요."

"가게 보고 싶은 기분이 따로 있니? 엄마 늦겠다. 가게 잘 보고
있어."

"엄마!"

나는 정말이지 울고 싶은 기분이었습니다. 오늘 같은 날은 조용
히 혼자 있고 싶은데…… 나는 어쩔 수 없이 1층으로 내려와서
카운터 옆 의자에 털썩 앉았습니다.

사실 내가 회장을 싫어하는 가장 큰 이유는 수연이 때문입니다.
수연이는 부모님들끼리 친분이 있으셔서 아기 때부터 알고 지냈
던 친구예요. 전에는 수연이와 멀리 떨어져 살아서 얼굴을 볼 기
회가 별로 없었지만 이 동네로 이사 오면서 자주 보게 되어 기분
이 좋았습니다.

그런데 수연이는 틈만 나면 회장 얘기를 꺼냅니다.

'오늘 교무실에서 상민이를 봤는데 역시 모범생 티가 많이 나더
라구.'

'상민이가 그렇게 농구를 잘한다면서?'

'상민이가 농구공을 들고 가던데 저녁 때 농구 연습하니?'

수연이가 회장에 대해서 말을 하기 시작하면 나는 말문이 막혀 버립니다. 다른 친구들이 회장을 칭찬하고 좋아하는 것은 그래도 참을 수 있어요. 하지만 수연이가 회장에게 관심을 보이는 건 너무나 싫거든요.

"지훈아, 가게 안에 검은 구름이 모락모락 피어나고 있어."

언제 들어왔는지 성윤이가 내 앞에 서 있었습니다.

"뭐? 뭐가 타나?"

나는 다급하게 자리에서 일어났습니다. 부녀회 모임에 늦으셨다 더니 엄마가 오븐을 끄는 걸 깜짝 잊으셨나 봐요.

"아니, 검은 구름이 네 머리 위에서 나오고 있는 걸. 대체 무슨 생각을 그렇게 골똘히 해?"

"야, 놀랐잖아. 안 그래도 조용히 혼자 있으면 좋겠는데 너까지 방해하기냐? 아, 이참에 혼자 살았으면 좋겠다."

"혼자 사는 게 뭐가 좋아? 엄마가 해 주시는 밥도 못 먹고, 너무너무 심심하고 외로울 텐데 뭐."

"엄마도 싫고, 친구도 싫어."

"너 아직도 회장 때문에 그러는 거야? 그래도 혼자 살겠다는 건

좀 심하다. 아리스토텔레스 님이 말씀하시길, '인간은 정치적 동물'이래. 인간은 본성적으로 사회성을 지니고 있기 때문에 서로 모여서 살아야 한다는 거야."

"루소 님이 말씀하시길, 인간은 누군가를 친구로 사귀기보다는 혼자서 숲속을 자유롭게 다니며 살았던 존재래."

"오, 공부 좀 했나 본데. 그렇지만 루소 님이 아무리 그런 주장을 하셨어도 사람들은 모여서 살아가고 있잖아. 인간은 누구나 가족을 만들고, 가족이 모여서 자연스럽게 사회가 형성된다. 이런 말이 더 공감되지 않니?"

"하긴, 혼자 살기에는 너무 위험하니까 마지못해 사회를 형성했다는 루소의 말보다 낫긴 하다."

"그렇지? 다른 동물들과 마찬가지로 공동체를 이루고 살아가는 인간의 모습은 본능적인 거나 다름없다고."

정말 성윤이의 말이 맞는 것 같습니다. 나 혼자서 살아가는 모습은 상상조차 할 수가 없습니다. 우리 엄마가 구워주시는 쿠키도 못 먹고, 농구도 못 하고, 무엇보다 수연이의 얼굴을 볼 수 없을 테니까요.

"사람들은 모여 살면서 일을 나누어 했어. 한 사람이 집을 짓는 일, 옷을 만드는 일, 그릇을 만드는 일, 모든 일을 하기에는 힘이 들었을 테니까 말이야."

아, 그렇다면 나는 무슨 일을 하면 좋을까요? 수연이는 옷도 잘 만들고 그릇도 잘 만들겠지요? 나도 훌륭한 가장이 되려면 무언가 잘 해야 하는데……. 나는 '열매가 주렁주렁 달린 나무 옆에 작은 집을 짓고 수연이와 행복하게 살면 얼마나 좋을까' 생각했습니다.

"넌 아까 전부터 무슨 상상을 하는 거야? 혼자 싱글거리기나 하고 말이야!"

"넌 몰라도 돼."

"뭔데 그래?"

"몰라도 된다니까."

"그럼 우유식빵이나 줘. 엄마 심부름으로 온 건데 집에 가면 왜 늦었냐고 하시겠다."

"알았어. 내가 특별히 공짜로 줄게."

"와, 진짜? 지훈아, 고마워. 내일 보자."

성윤이는 내가 공짜로 준 우유식빵을 흔들면서 집으로 뛰어갔습니다. 나는 성윤이의 뒷모습밖에 볼 수 없었지만 성윤이가 신이

나 있다는 걸 알 수 있었어요. 과연 성윤이는 심부름 값으로 받은 돈을 어머니께 드릴까요?

2 우리들의 관계

"지훈아, 밥 먹고 가야지."

"그냥 갈게요."

"엄마가 어제 혼냈다고 이러는 거야? 아무리 그래도 밥은 먹고 가야 공부를 하지."

"다녀오겠습니다."

"그럼 이거라도 가지고 가서 먹어."

나는 엄마가 주시는 모카크림빵을 마지못해 받는 척했습니다.

물론 속으로 군침을 삼키기는 했지만 여전히 기분은 좋지 않았습니다.

터덜터덜 걷고 있다가 문득 어제 엄마가 하신 말씀이 떠올랐습니다. '농구공을 든 도널드 덕.'

그렇다면 오늘은 모카크림빵을 든 도널드 덕 같아 보이겠네요.

"지훈아, 같이 가."

뒤를 돌아보니 성윤이가 뛰어오고 있었습니다.

"안녕."

"오늘도 기운이 없네. 너 아직도 혼자 살 생각을 하는 거야?"

"역시 혼자 사는 게 좋겠어. 가게 보느라 고생했는데 빵 좀 먹었다고 꾸중이나 듣고……."

"나한테 우유식빵 공짜로 줘서 그런 거 아냐?"

"아니야. 배가 고파서 빵을 몇 개 먹었는데 그것 때문에 혼이 난 거야."

"얼마나 먹었기에 혼이 났니?"

"음, 피자빵 한 개랑 땅콩크림빵 두 개, 그리고 슈크림빵 두 개, 샌드위치 하나, 치즈케이크랑 쿠키."

나는 손가락으로 꼽아보면서 어제 먹은 빵의 종류와 개수를 떠올렸습니다.

"그걸 다 먹었어?"

"그래도 치즈케이크는 조각으로 파는 거 하나 먹었어. 얼마 먹지도 않았잖아."

"좀 많이 먹었네. 그 많은 게 배 속으로 다 들어가다니 정말 대단하다."

"이 정도야 기본이지. 부녀회 모임이 있으실 때마다 가게를 봐드렸는데 정말 너무하신 거 아니냐? 이제는 엄마가 만들어 주는 빵 안 먹어도 되니까 혼자 살았으면 좋겠어."

"어제 열심히 한 얘기는 다 필요 없게 됐구나. 그래도 내가 레오 스트라우스였다면 당장 네 생각을 바꿔줬을지도 모르는데……."

"갑자기 레오 스트라우스는 또 뭐야?"

"응, 어제 우리가 아리스토텔레스와 루소에 대해서 한 이야기는 원래 레오 스트라우스가 정리한 거거든. 레오 스트라우스는 아리스토텔레스의 의견을 긍정적으로 보고 루소와 대비시켜 두 주장을 정리했어."

"그렇구나. 나는 처음 들어보는 이름인데."

"나도 잘은 모르지만 미국에서는 아주 영향력 있는 정치 철학가래. 고전 정치사상을 연구하고 정리해서 정치에 대한 자신의 의견을 주장한 사람이야."

내 친구지만 성윤이는 정말 멋있는 것 같습니다. 믿음직스럽고 의젓한데 똑똑하기까지 하니 말이에요. 우리 동아리 회장은 성윤이가 했어야 하는 건데 상민이처럼 책임감 없는 지각 대장이 하니까 문제가 생기는 거예요.

나는 교실로 가는 내내 회장에 대해서 이러쿵저러쿵 불평을 했습니다. 성윤이는 내 말을 잠자코 듣고만 있었어요. 나는 이럴 때 내 편을 들어주지 않는 성윤이가 조금 섭섭하게 느껴집니다. 성윤이는 옳다고 생각하지 않는 일에는 절대로 편을 들어주지 않거든요. 그래도 성윤이는 어떤 이야기든지 내가 하는 말에 귀를 기울여 주는 좋은 친구입니다.

성윤이에게 불만을 털어놓았더니 언짢던 마음이 조금 풀어졌습니다. 우리는 교실에 들어가기 전에 학교 벤치에 앉아 모카크림빵을 먹었습니다.

"이제는 엄마가 만들어 주시는 빵 안 먹어도 된다고 하더니 맛있게 잘만 먹네."

"우리 엄마표 쿠키와 모카크림빵은 세계 최고라니까. 둘이 먹다가 둘 다 죽을지도 몰라. 히히."

"정말 맛있다. 근데, 저기 쟤 상민이 아냐? 아침부터 왜 저렇게 뛰어다녀?"

성윤이가 가리키는 쪽을 보니 상민이가 바쁜 일이 있는 듯 열심히 뛰어가고 있었습니다.

"알 게 뭐야. 아침 운동 하나 보지 뭐."

"그러지 말고 상민이랑 친하게 지내. 지각하는 거 빼고는 별로 피해 준 일도 없잖아."

'수연이의 관심을 받는다는 것 자체가 큰 피해지.'

"둘 사이에 내가 모르는 무슨 문제라도 있는 거야? 그럼 대화로 풀어. 인간이 다른 동물과 다른 게 언어능력이 있다는 거 아니겠어. 우리가 대화를 통해 우정을 나누는 것이야말로 평화로운 사회를 만드는 거야."

"그것도 레오 스트라우스가 정리한 거냐? 레오 스트라우스도 살아 있을 때 싫어하는 사람이 있었을 거야."

"물론 그랬겠지. 이상적인 시민사회라고 여겼던 그리스의 도시 국가들에서도 서로 충돌하는 일이 있었으니까. 그래서 우정이 소중한 거야."

"모든 사람이 다 우정을 나눌 수는 없는 거잖아. 친구 관계라고 해도 나와 너처럼 사이가 좋은 경우도 있고, 나와 회장처럼 사이가 나쁜 경우도 있으니까 말이야."

"그래서 우정 말고 법도 있어. 현실에서 일어나는 잘못된 일을 바로 잡아야 할 필요가 있을 때 법이 적용되는 거야. 하지만 아름다운 세상을 만들기 위해서는 자연의 질서 속에서 조화롭게 사는 것이 중요해. 이런 삶을 고대 철학자들은 '중용의 삶'이라고 했대."

"중용의 삶? 우정을 쌓기도 힘든데 자연의 질서를 따르며 산다니 정말 힘든 일이겠다."

고대 철학자들의 주장대로 아름다운 세상을 만드는 것은 좋은 일이지만 중용의 삶은 내게 너무나 먼 이야기로 들리네요. 내가 과연 회장과 조화를 이루면서 지낼 수 있을까요?

3 이번엔 내 차례라고!

수업이 끝나고 나와 성윤이는 운동장에 있는 농구 골대로 갔습니다. 한 시간 뒤에 동아리 모임이 있지만 미리 맡아 두지 않으면 다른 아이들이 다 쓸 때까지 기다려야 하거든요.

"이렇게 일찍 나와 있을 필요는 없잖아. 다른 애들이 쓰고 있으면 좀 기다렸다 하면 되지 뭐."

"중요한 연습이 있는 날인데 그럴 수야 없지. 드디어 이 몸이 주말 시합에 나가신다 이거야."

"아 참, 이번 주말에 하는 시합에 네가 나갈 차례구나."

"응, 열심히 연습해서 이번 시합에는 실력 발휘 좀 해야겠어."

"그래, 나도 도와줄게."

우리들은 서로 패스를 주고받고 드리블을 하기도 하면서 열심히 연습을 했습니다. 성윤이는 자신의 특기인 레이어 슛의 비결도 가르쳐주고 자유투 연습도 도와주었습니다.

물론 시합이라고 해도 그리 대단한 것은 아니에요. 그저 인근 초등학교의 농구 동아리나 개인이 운영하는 농구 클럽의 아이들과 게임을 하는 수준이니까요. 다른 농구 동아리나 농구 클럽에서는 어떤지 모르겠지만 우리 동아리는 꼭 이기는 게 목적이 아니기 때문에 거의 순번대로 시합에 나갑니다. 우리 동아리가 인원이 꽤 많아서 모두 경기를 뛰는 것은 불가능하거든요.

지난 세 번의 경기는 그냥 구경만 하고 있었는데 이번엔 나가서 꼭 실력 발휘를 해야 합니다. 먼저 나갔던 경기에서 내가 회장의 패스를 여러 번 받지 못해 우리 편이 지고 말았거든요. 어느 누구도 비난하는 사람은 없었지만 나는 너무 창피하고 속이 상했어요.

"야, 이제 조금만 쉬자. 이러다가는 동아리 연습도 하기 전에 쓰러지겠어."

"그래, 좀 힘들긴 하네."

"아직도 20분이나 남았어."

"앉아서 쉬다 보면 금방 애들이 올 거야."

"참, 너한테 보여줄 게 있어. 잠깐만."

성윤이는 휴대폰을 꺼내더니 버튼을 몇 번 눌러 화면을 보여주었습니다.

"이게 뭐야?"

"응, 우리 삼촌이 교육용 애니메이션을 만드시는데, 첫 번째로 만든 작품이라고 보내주셨어."

"그렇구나. 그럼 애들 기다리면서 감상 좀 해 볼까?"

우리들은 휴대폰 액정에 시선을 모으고 영화도 뮤직비디오도 아닌 교육용 애니메이션을 감상했습니다. 그 애니메이션은 '정의롭게 산다는 것' 이라는 글자가 점점 커지면서 시작되었습니다.

나는 제목만 보고 '정의의 이름으로 너를 용서하지 않는다' 는 '세일러문' 이나 '정의의 용사 졸라맨' 을 떠올렸습니다. 그러나 내용은 전혀 달랐어요. 정의롭게 산다는 것은 나쁜 사람들을 혼내

주는 것이 아니라 자신이 처한 상황에서 각자에게 맞도록 산다는 내용이었으니까요.

애니메이션에는 뚱뚱한 소년과 마른 소년이 나왔습니다. 자기 몸에 잘 맞지 않는 옷을 입고 말이지요. 뚱뚱한 소년은 몸에 꽉 끼는 작은 셔츠를 입고, 마른 소년은 헐렁한 큰 셔츠를 입고 있었습니다. 두 소년은 아버지가 사 주셨다며 서로에게 자랑을 했는데 옷 크기가 맞지 않아 별로 좋아보이지 않았어요.

그 때 갑자기 지팡이를 든 노인이 나타나서 뚱뚱한 소년의 작은 셔츠를 벗겨 마른 소년에게 주고 마른 소년의 큰 셔츠를 벗겨 뚱뚱한 소년에게 주었습니다. 두 소년은 자신의 몸에 꼭 맞는 셔츠를 입고 기뻐하면서 애니메이션은 끝이 났습니다.

성윤이는 애니메이션이 끝나자 휴대폰 폴더를 닫으면서 말했습니다.

"우리가 살아가는 것은 정말 쉽지 않은 일이구나. 우정을 쌓으면서 조화롭게 사는 것도 정말 힘든 일인데 정의롭게도 살아야 하니까 말이야."

성윤이는 애니메이션에서 나온 것이 정의롭게 사는 것이라고 했는데 나는 생각이 달랐어요.

"난 이해가 잘 안되는데, 작은 셔츠는 뚱뚱한 소년의 것이고, 큰 셔츠는 마른 소년의 것이잖아. 뚱뚱한 소년과 마른 소년이 서로 교환을 한 것도 아니고, 노인이 나타나서 마음대로 바꿔주는 것은 잘못된 일이 아닐까?"

"물론 그렇게 볼 수도 있겠지만 이 애니메이션은 형평성을 따른 다는 게 어떤 것인지 쉽게 보여주는 거야. 형평성은 말 그대로만 보면 균형을 이루는 성질이니까 모두에게 똑같이 적용되는 것 같 잖아. 그런데 내가 어떤 상황에 처했느냐에 따라 형평성은 달라지 는 것이거든. 그러니까 노인은 두 소년 처한 다른 상황이나 형편 을 알맞게 조절을 해 주었어. 노인의 이런 행동을 진정한 의미의 형평성이라고 하는 거야. 형평성에 맞춰 문제를 해결한 노인을 현 명한 지배자라고 부를 수 있지."

"그렇다면 형평성을 따른다는 것은 옳고 그름만으로 따질 수는 없는 거네? 부유한 사람과 가난한 사람에게 똑같은 세금을 매기 지 않는 것처럼?"

"그래 맞아. 형평성이란 개개인에게 좋고 잘 맞는 것을 가지거나 행동할 수 있도록 도와주어야 해. 이것을 잘 조절할 줄 안다면 현 명한 지배자라고 할 수 있겠지?"

"너희 삼촌은 정말 대단하시다. 이렇게 어려운 내용을 짧은 애니메이션으로 만들 수 있다니. 그리고 여기 나오는 마른 소년이 너 닮은 거 알아?"

"글쎄. 그것까지는 신경 쓰지 못했는데…… . 진짜 닮았어?"

"그렇다니까. 너 출연료 받아야 하는 거 아냐? 앞으로 유명해져도 친구를 잊으면 안 돼. 아, 미리 사인을 받아 놓을까?"

"야, 그만해. 호들갑 떨기는."

우리는 마른 소년의 얼굴도 확인할 겸 성윤이네 삼촌이 첫 작품으로 만드셨다는 애니메이션을 다시 한 번 보았습니다.

"성윤아, 지훈아, 일찍들 왔네."

고개를 들어 보니 회장이 걸어오고 있었습니다.

"웬일이냐? 지각대장이 지각을 안 하고…… ."

"내가 그동안 지각대장이기는 했지. 미안해. 앞으로는 지각할 일 없을 거야."

상민이는 머리를 긁적이며 웃었습니다.

"상민아, 너도 주말에 하는 시합에 나가지? 지훈이는 아까 전부터 열심히 연습했어."

"어? 그, 그래……."

방금 전까지만 해도 웃는 얼굴이었던 회장이 갑자기 말을 더듬더니 금세 얼굴이 굳어졌습니다.

"음, 지훈아, 안 그래도 말하려고 했는데……. 이번 시합에는 말이야, 너 대신 인석이가 나가야 될 것 같아."

"뭐? 왜? 이번에는 내가 나갈 차례잖아."

"그게, 이번 시합이 중요한 시합이라 꼭 이겨야 하거든. 미안하지만 이번 만큼은 네가 좀 양보를 해 줘."

"왜? 난 양보 못하겠어. 우리가 언제부터 이기는 게 목적이었냐? 이건 형평성에 어긋나잖아."

내 입에서는 나도 모르게 형평성이라는 말이 튀어나왔습니다. 내가 한 말에 스스로 놀라기는 했지만 정말이지 이건 형평성에 어긋나는 거예요. 지난번 시합에서 내가 실수를 좀 했다고 은근슬쩍 빼 버리려 하다니 회장의 속셈이 빤히 보입니다.

"지훈아, 미안해. 벌써 시합 참가자 명단을 보냈어. 대신 다음에 두 번 나가도 돼. 아니면 내가 나갈 시합까지 다 나가도 되는 거고……."

"필요 없어! 내가 안 하면 되잖아."

나는 농구 골대에 기대어 둔 가방을 낚아채듯 들고 수돗가로 갔습니다. 잠시 뒤 성윤이가 뒤쫓아 왔습니다.

"지훈아, 네가 이해해 줘. 뭔가 사정이 있겠지."

"분명히 지난번에 실수한 것 때문일 거야. 자기는 지각을 밥 먹듯이 하면서 실수 한 번 한 거 가지고, 정말 이럴 수가 있는 거야?"

"상민이는 생각이 깊은 애잖아. 순서를 바꿀 수밖에 없는 사정이 있었을 거야. 아까 전에 봤던 애니메이션에도 나왔잖아. 형평성은 옳고 그른 것을 떠나서 상황과 형편에 맞게 적용될 수도 있다고 말이야."

"우리한테 그럴 만한 사정이 뭐가 있겠어? 그냥 농구 시합을 할 뿐인 걸 뭐."

"상민이가 안절부절 못하고 어렵게 말하는 걸 보면 분명히 무슨 사정이 있을 거야. 너도 무슨 상황인지 들어보려고 하지도 않고 무작정 수돗가로 뛰어왔잖아."

"그건 그렇지만……."

성윤이의 말대로 나는 이유를 들어 볼 생각조차 하지 못했습니다. 내 차례를 어기고 벌써 시합 참가자 명단까지 넘겨 버렸다는데 너무 화가 났거든요.

마음을 조금 가라앉히고 생각해 보니 왜 이번 시합이 중요하다는 건지 궁금해지네요. 하지만 회장에게 가서 이유를 물어보고 싶은 마음은 들지 않았습니다. 사나이 체면에 다시 되돌아가는 것도 멋쩍은 일이고, 더 곰곰이 생각해 보니까 자존심도 상합니다. 중요한 시합이라서 차례를 바꿔야 한다는 것은 내 실력이 부족하다는 것이니까요. 역시 지난번 실수 때문인 것이 확실하네요.

"지훈아, 네가 상민이를 좀 이해해 줘. 사람들끼리 우정을 쌓아 나가는 것도 중요하지만 남을 너그럽게 받아들이고 용서하는 관용도 중요한 거라고 생각해. 그래야 형평성에 따르면서 정의롭게 살아갈 수 있을 테니까 말이야."

"그런 말이라면 나보다 회장에게 전해 줘. 난 이제 동아리 활동 안 할 거야."

나는 성윤이를 뒤로 하고 집으로 왔습니다. 마음이 편하지는 않았지만 달리 다른 방법도 없었습니다.

인간은 정치적 동물

레오 스트라우스(1899~1973)는 정치에 대해 생각하면서 아리스토텔레스(BC384~BC322)의 사상에 주목했습니다. 아리스토텔레스는 '인간은 정치적 동물'이라고 하였습니다. 이 말은 인간은 서로 무리를 이루면서 살기를 좋아한다는 뜻입니다. 인간은 동물이긴 하지만 다른 동물과 구별되는 언어능력을 가지고 서로 대화하는 동물입니다. 나아가 인간은 서로 모여 공동체를 이룹니다. 아리스토텔레스는 이러한 공동체가 다양한 방식으로 국가를 성립시킨다고 생각하였습니다.

그런데 루소는 아리스토텔레스의 생각과 정반대의 생각을 한 철학자였습니다. 루소는 인간은 무리지어 사는 것보다 혼자서 자유롭게 지내기를 바란다고 생각했습니다. 하지만 인간은 혼자 살면 생명이 위협받는 등 어려운 점이 많이 생기기 마련입니다. 이런 어려움을 피하기 위해 인간은 어쩔 수 없이 사회를 형성한다는 것이지요. 루소는 인간이 자살

하는 것도 마찬가지 현상이라고 생각하였습니다. 사람들은 사회생활을 할 때보다는 혼자 생활할 때, 훨씬 더 큰 자유를 느낍니다. 바로 원치 않는 사회생활을 하며 견뎌내지 못할 때 자살을 생각한다고 루소는 말했습니다.

　두 가지의 정반대되는 생각 중에서 레오 스트라우스는 아리스토텔레스의 생각에 동의하고 있습니다. 인간은 혼자 살기 보다는 사회적 유대를 맺으면서 사는 것이 좋다는 것입니다. 레오 스트라우스도 아리스토텔레스의 생각과 같습니다. 인간이 서로 모여서 협동한다면 물건을 더 많이 만들 수 있고 생활의 편리함도 누릴 수 있습니다. 하지만 인간이 각자의 이익을 추구하면서부터 빈부 격차가 나타나고, 서로 다투게 됩니다. 이러한 이해관계와 분쟁을 조정해 줄 정치적 행위가 필요하게 되는 것이지요.

정의(正義)에 대한 정의(定義)

　아리스토텔레스는 시민들이 싸우지 않고 조화를 이루며 사는 것을 정의로 생각했습니다. 정의는 배분적 정의와 교환적 정의로 구분됩니다.

'배분적 정의'는 사회 구성원들 간에 명예와 부, 혹은 이익을 어떻게 나누는가와 관련된 정의입니다. '교환적 정의'는 이해관계를 따져 불평등을 바로잡는 정의를 말합니다.

아리스토텔레스가 말하는 '형평성'은 정의와 밀접하게 관련되어 있습니다. 형평성을 고려할 때는 옳고 그름의 문제를 위에서 말한 정의의 두 개념에만 의존하지 않고, 가장 급하고 필요한 것은 무엇이고 덜 급한 것이 무엇인지를 판단합니다. 따라서 아리스토텔레스에 따르면 '형평성'을 고려하는 것이야말로 '지혜롭게 행동하는 것'이 됩니다.

작은 코트를 입고 있는 덩치 큰 소년과 큰 코트를 입고 있는 작은 소년을 예로 들어 봅시다. 덩치 큰 소년이 입고 있는 코트는 자신의 아버지가 사 준 것입니다. 따라서 몸에는 맞지 않지만 자신의 것임에는 틀림없고 또 코트를 가질 권리가 있습니다. 그러나 이 코트는 덩치 큰 소년에게는 맞지 않습니다. 지혜로운 자라면 법적 소유와는 관계없이 덩치 큰 소년에게 큰 코트가 적당하다는 것을 알 것입니다. 이 예는 법적인 소유와 자신에게 어울리는 소유는 반드시 일치하는 것이 아니라는 점을 말해 줍니다.

정의는 자신의 적성에 가장 잘 맞는 것과 관련되어 있습니다. 정의는 각자가 자신의 일을 잘 수행하게 하는 것입니다. 아리스토텔레스에 따르면 각자가 자신의 일을 잘하며 서로 싸우지 않고 조화를 이루며 살 수 있는 사회가 정의로운 사회입니다.

2

가치 있는 것은?

 고대 정치철학의 지향점과 범위를 결정했던 것은 그것과 정치적
삶의 직접적 관계였다.

— 레오 스트라우스

1 인습은 좋은 게 아니에요

집으로 돌아오자마자 나는 너무 배가 고팠습니다. 동아리 모임이 시작되기 전부터 농구 연습을 열심히 한데다 회장이랑 말다툼까지 하다 보니 기운이 쑥 빠져 버렸어요.

이럴 때는 엄마가 만드신 쿠키가 최고의 약입니다. 고소한 땅콩 쿠키랑 달콤한 초코칩 쿠키를 먹고 있으면 저절로 기분이 좋아지거든요.

"엄마, 약 주세요."

"왜? 어디가 아프니?"

"네. 마음이 좀 아픈 거 같아요."

"뭐? 마음이 아파?"

"네. 이럴 땐 엄마 쿠키가 약이잖아요."

"뭐라고? 하하하. 쿠키 얻어먹는 방법도 여러 가지구나. 자, 여기 있다. 많이 먹어."

엄마는 계산대 위에 있던 작은 소쿠리를 내주셨습니다. 그 소쿠리 안에는 다양한 종류의 쿠키가 먹음직스럽게 놓여 있었어요.

"안 그래도 너 주려고 놔두었던 거야. 이번에 엄마가 새로 만든 쿠키도 있고."

"헤헤, 맛있어요. 이거 엄청 잘 팔릴 거 같은데요."

"그래? 그럼 내일부터 포장해 둬야겠다. 근데 너 요즘에 무슨 일 있니?"

"아니요. 그냥 좀……."

나는 쿠키를 먹다 말고 잠시 고민을 했습니다. 엄마께 회장과의 문제를 사실대로 말씀드리고 싶었지만 수연이를 좋아하는 마음을 들킬까 봐 걱정이 되기 때문이에요. 나는 오늘 있었던 일만 살짝 말씀드리기로 마음먹었습니다.

"엄마, 궁금한 게 있는데요, 엄마는 부녀회에서 문제가 생기면 어떻게 해요? 예를 들어 의견 차이가 있는 문제를 결정할 때 말이에요."

"글쎄. 의견 차이가 날 만한 일도 별로 없었지만, 있다 해도 간단하게 다수결을 이용하는데."

"다수결이요?"

나는 다수결의 원칙에 대해 생각해 보았습니다. 다수결의 원칙은 우리나라처럼 민주주의 국가에서 많이 사용하는 방식이라고 수업 시간에 배웠어요. 어떤 문제를 결정할 때 많은 사람들이 원하는 쪽으로 결정을 내리는 방식이지요.

하지만 농구 시합의 출전 여부를 다수결의 원칙으로 결정하는 것은 말도 안 되는 일입니다. '지훈이가 이번 농구 시합에 나가야 한다고 생각하는 사람 손들어 보세요'라고 할 수는 없잖아요.

"엄마, 다수결 말고 다른 방법은 없어요?"

"부녀회에서 다수결로 결정할 수 없는 일이 뭐가 있겠니? 다들 익숙하고 편해서 좋아하는데 말이야."

"익숙하고 편한 것이 다 좋은 것은 아니잖아요. 인습처럼 오래된 것도 요즘에는 사라져야 하는 것이라고 배웠어요."

"그래, 인습이라는 것은 예로부터 내려오는 질서나 풍습들 중에서 오늘날 그 가치가 의심되거나 나쁘게 생각되는 것이란다. 예를 들면 중국 여성들에게 강요되었던 전족 같은 것이야."

"전족이 뭐예요?"

"응, 전족은 여성의 발에 일부러 천으로 감아 발이 커지지 못하게 만드는 중국의 풍습이야. 대개 세네 살 정도의 아이 때부터 전족을 시작했어. 물론 너무너무 아프지. 하지만 전족을 하지 않은 여성들은 결혼을 하지 못했단다."

휴, 엄마의 말씀을 들으니 저절로 한숨이 나오네요. 수연이가 중국에서 태어나지 않은 것은 천만다행입니다. 안 그래도 수연이의 발은 작은데, 그 발을 꽁꽁 싸매어 아프게 한다면 보고만 있어도 눈물이 날 것 같았습니다.

"진짜 끔찍하네요. 제 키가 크는 것을 막으려고 누군가가 내리누른다면 너무 아플 거예요."

"하하하, 그런 걱정할 필요 없어. 누구든 우리 지훈이를 괴롭히는 녀석이 있으면 엄마가 혼내줄 테니까."

"엄마, 중국에서는 아직도 전족을 해요?"

"아니, 지금은 완전히 사라졌어. 청나라 때 전족 금지령이 내려졌는데도 사라지지 않다가 청나라 말기에 사라지게 되었지."

"처음에는 금지했는데도 사라지지 않았다고요?"

"그렇단다. 좋지 않은 것일지라도 인습은 하루아침에 사라지기가 매우 어려워. 왜냐하면 인습은 그 사회에 속한 사람들이 오랫동안 지키고 널리 인정해 왔던 가치이기 때문이지."

"하지만 가치 있는 것이라면 바람직하거나 정의로운 것이어야 하잖아요. 인습은 가치 있는 것처럼 보이지 않는데요."

"인습주의자들의 생각은 다르단다. 인습주의자들은 인습이 공동체 속에 있는 사람들이 합의를 해서 나온 것이기 때문에 가치가 있다고 주장하지. 다시 말해 공동체에 속한 사람들이 오랜 시간이 흐르면서 쌓아온 경험을 통해서 인정한 가치가 인습이라는 거야. 그리고 그 인습 덕분에 사회가 안정된다고 여긴단다."

"아, 그렇구나."

나는 엄마의 말씀을 듣기 전까지는 무조건 인습은 나쁜 것이라고 생각했습니다. 인습이 어떻게 만들어졌는지, 사회에 기여하는 점이 있는지에 대해서는 생각해 본 적이 없었습니다.

우리가 지금은 다수결의 원칙을 인정하고 널리 사용하고 있어도 시대가 변하고 더 바람직한 방법이 생긴다면 다수결의 원칙도 인습이 될 수 있겠지요? 그러나 중국 사람들이 쉽게 전족의 풍습을 버리지 못했던 것과 마찬가지로 우리들도 그동안 바람직하다고 인정했던 다수결의 원칙을 고집할 지도 모릅니다.

"우리 지훈이가 이런 것에도 관심이 있는 줄은 몰랐네. 그럼 엄마가 똑똑한 아들을 위해서 선물을 줘야겠네. 2층에 올라가 보렴. 대형 선물이 기다리고 있을 거야."

"뭔데요?"

"올라가서 직접 봐."

"네, 알겠습니다."

나는 성큼성큼 계단을 올라 2층 문을 열었습니다. 그냥 선물도 아니고 대형 선물이라니 짠순이 우리 엄마가 대체 무엇을 준비해 두셨을까요?

2 가치 판단은 어려운 일

나는 기대에 차서 2층 현관문을 벌컥 열었습니다. 그 순간 '쿵!' 하고 아빠가 거실 소파에서 굴러 떨어졌어요. 처음에 조금 어리둥 절했지만 곧 아빠의 부스스한 모습에 쿡쿡 웃음이 나왔습니다.

아빠는 잠이 덜 깨신 눈으로 나를 바라보시면서 멋쩍은 듯 미소 를 지으셨어요. 내가 거실로 들어서자 아빠는 소파에 주춤주춤 앉 으시더니 손가락으로 빗질을 하셨습니다.

"아빠, 보고 싶었어요. 주말에 오신다더니 일찍 오셨네요?"

"응, 세미나가 일찍 끝나서 왔지. 잠깐 앉아 있어야지 했더니만 깜빡 잠이 들었네."

"엄마가 말한 선물이 아빠였구나. 대형 선물이라고 해서 기대했는데……."

"대형 선물? 아, 대형 선물이 아빠여서 실망했어?"

"아니에요. 사실은 여쭈어 보고 싶은 게 있어서 얼른 아빠가 오셨으면 했어요."

"녀석, 어쨌든 아빠 얼굴이 보고 싶었던 건 아니었구나."

아빠는 조금 삐친 얼굴을 하셨다가 빙긋 웃으셨습니다.

"그래, 우리 아들이 뭐가 궁금했을까?"

"그게요. 오늘 학교에서 농구 동아리 회장과 말다툼을 했거든요. 이번 시합에는 제가 나갈 차례인데, 중요한 시합이라고 다른 친구를 내보낸대요. 이런 일이 생기면 어떻게 해결해야 좋을지 모르겠어요."

"많이 속상하겠구나. 다른 친구들은 아무 말 안 했어?"

"다른 친구들이 오기 전에 말다툼을 하다가 집에 와 버렸어요."

나는 머리를 긁적이며 말씀드렸습니다. 사실대로 말씀드리기는 했지만 친구와 말다툼을 했다고 야단을 치실까 봐 걱정이 되었습니다.

"그럼 내일 다시 이야기를 해 보렴. 다른 친구들의 의견을 듣다 보면 해결할 방법이 있을 거야. 오늘은 우리 지훈이가 고민이 많은 것 같으니 아빠가 재미있는 얘기 하나 해 줄까?"

"네, 해 주세요."

나는 아빠께서 어떤 이야기를 들려주실까 무척 기대가 되었습니다. 우리 아빠는 옛날 사람들이 쓰던 유물을 연구하셔서 그런지 재미있는 옛날이야기를 아주 많이 알고 계시거든요.

세미나가 끝나고 돌아오시면 피라미드에 얽힌 전설, 원시인들의 축제, 옛날 사람들이 사용하던 특이한 물건 등에 관해 말씀해 주셨어요. 나는 고고학자가 뭐하는 직업인지는 잘 모르지만 우리 아빠가 고고학자인 것이 여간 고맙지가 않았습니다. 오늘도 세미나를 다녀오신 뒤니까 흥미진진한 이야기보따리를 열어주시겠지요?

"옛날에 막스 베버라는 사람이 살고 있었단다. 막스 베버는 모든 사회 현상들이 진짜인지 가짜인지, 옳은 것인지 그른 것인지 판단하기를 거부했어."

"어? 재미있는 얘기라고 하셔서 옛날이야기인 줄 알았는데 아니잖아요."

"아마 옛날이야기 못지않게 재미있을 거야. 너에게 도움도 될 거고."

"그런데 막스 베버가 누구예요?"

"응. 어떤 것에 대해 가치가 있다, 없다. 혹은 좋다, 나쁘다고 말할 수 없다고 주장한 독일의 학자란다."

"막스 베버는 왜 가치가 좋은지 나쁜지 말할 수 없다고 했어요?"

"시대가 변하면서 사회나 문화가 바뀌기 때문이야. 그래서 막스 베버는 모든 가치들은 절대적이거나 객관적일 수 없으며, 사회가 변하면서 함께 달라질 수 있다고 생각했어. 또 여러 가치들 사이에는 갈등이 일어날 수밖에 없으며, 그 중에 하나를 가치 있다고 생각하는 것은 개인의 선택이라고 주장했어. 지훈이는 전쟁과 평화에 대해서 어떻게 생각하니?"

"전쟁은 나쁜 것이고, 평화는 좋은 거예요."

"그럼, 평화란 뭘까?"

"평화요? 음, 평화는……."

나는 학교에서든 텔레비전에서든 평화라는 단어를 많이 들어 왔습니다. 그렇지만 막상 평화가 무엇인지 대답하려니까 도무지 뭐라고 표현해야 할지 앞이 깜깜했습니다.

"그래, 평화는 말로 표현하기가 어렵지. 막스 베버는 평화가 현실적으로 분명하지 않기 때문에 '좋다' 거나 '나쁘다' 고 판단하는 것을 거부했어. 그저 평화가 좋다고 생각하는 것은 개인의 도덕적인 선택일 뿐이야."

"아빠, 아직까지는 이해가 잘 안 돼요. 좀 더 쉬운 예를 들어주셨으면 좋겠어요."

"그래? 그렇다면 이건 어떨까? 지훈이가 세계적으로 유명한 피아노 연주 대회에 피아니스트를 추천해 주는 사람이라고 하자. 그럼 너는 재능이 뛰어난 피아니스트에게만 기회를 주겠니? 아니면 여러 피아니스트들에게 골고루 기회를 주겠니? 잘 생각해 보렴."

나는 아빠의 질문에 한동안 말없이 고민을 했습니다. 정말 어려운 문제네요. 만약 내가 재능이 뛰어난 피아니스트에게만 기회를 준다면 그 피아니스트는 대회에서 여러 번 상을 받아 세계적으로 유명한 피아니스트가 되겠지요? 하지만 다른 피아니스트들은 대회에 나갈 기회도 없었으니 세상은 불공평하다고 생각할 거예요. 그렇다고 모든 피아니스트들에게 골고루 기회를 준다면 재능이 뛰어난 피아니스트가 크게 성공하는 것을 막을 수도 있

겠지요? 아, 내가 진짜 피아니스트를 추천하는 사람이 아니라서 다행이에요.

"아빠, 아무리 고민해도 결정을 쉽게 못 내리겠어요."

"그럴 거야. 어떤 한쪽만 정당하다고 할 수는 없단다. 평등의 가치가 무시되더라도 뛰어남을 강조할 것인지, 뛰어남이 무시되더라도 평등을 강조할 것인지는 개인의 도덕적 선택에 따라 달라지거든."

"하지만 어떤 것이 가치 있는지를 결정할 때 개인이 중요하게 여기는 도덕에 따라 결정하면 갈등이 점점 더 심해질 거 같은데요?"

"그래서 베버는 신념윤리를 주장했어. 신념윤리는 자신이 선택한 행동이 어떤 결과를 이끌어냈을 때, 그 의도가 올바른 것이었는지를 중요하게 생각하는 거야."

"그러니까 신념윤리는 결과보다는 그 사람이 어떤 도덕적 동기를 가지고 행동하였는지를 더 중요하게 생각한다는 거네요?"

"그렇단다."

나는 점점 머릿속이 복잡해지는 것 같았습니다. 아빠의 의도대로 흥미로운 이야기였지만 내 고민까지 해결된 것은 아니었습니다. 인습주의자들은 인습이 가치 있는 것이라고 했는데, 막스 베버는 절대적이고 객관적인 가치는 없다고 주장을 했습니다. 과연 어느 쪽이 옳은 것일까요? 나도 도덕적인 선택을 해야 하는 것일까요?

3 그래도 변하지 않는 가치는 있다

"아빠가 한 얘기가 별로 도움이 안 되었나 보구나."

"아니에요, 공부를 많이 했더니 뇌 용량이 부족한가 봐요. 사람의 머릿속에도 많은 지식을 저장할 수 있는 메모리칩이 있었으면 좋겠어요."

"하하하. 그렇게 된다면 너무 똑똑해져서 피곤할 거 같은데…… 지훈아, 아빠 얘기 듣느라고 피곤했을 텐데 너무 걱정하지 말고 내일 친구들과 천천히 이야기를 나누어 보렴. 문제가 생겼을 때 누가 더 올바르고 좋은 판단을 했는지는 정말 어려운 문제란다. 그러니까 천천히 생각해 봐. 아함. 아빠는 이만 씻고 일찍 자야겠다."

"네, 알겠어요. 저는 1층에 내려가서 엄마를 도와드릴게요. 안녕히 주무세요."

나는 들어갈 때와는 달리 나올 때는 2층 현관문을 조용히 닫고 아래로 내려왔습니다. 엄마는 카운터에서 뒷정리를 하고 계셨습니다.

"엄마, 벌써 문 닫으시게요?"

"응, 오늘 급하게 부녀회 모임이 생겨서 말이야. 얼른 정리하고 가야 돼."

엄마의 말씀을 듣자마자 나는 좋은 생각이 떠올랐습니다. 엄마를 따라서 부녀회 모임에 한 번 가보는 거예요. 어른들은 모여서 어떻게 회의를 하고 일을 처리하시는지 직접 본다면 내게 도움이 될지 모르잖아요.

"엄마, 저도 같이 가면 안 돼요?"

"어딜? 모임에?"

"네, 저도 같이 가서 구경하고 싶어요."

"볼 게 뭐 있다고 따라오니? 그냥 아줌마들이 모여서 이런 저런 얘기를 하는 거지."

"그래도 가볼래요. 괜찮죠?"

"꼬맹이들도 안 따라오는데 다 큰 녀석이 따라오겠다고 하니? 창피하다, 애."

"성윤이도 부르면 되잖아요. 그리고 한쪽에 조용히 있을게요. 엄마, 그럼 저도 같이 가요."

나는 엄마가 말씀하시기 전에 얼른 밖으로 나와, 성윤이에게 전화를 걸었습니다.

"성윤아, 뭐 해?"

"어, 지훈이네. 그냥 텔레비전 보고 있었어."

"그래? 그럼 지금 나와. 나랑 갈 데가 있어."

"어딘데?"

"그건 비밀이야. 얼른 우리 가게 앞으로 와."

"알았어. 지금 나갈게."

얼마 지나지 않아 성윤이가 뛰어오는 모습이 보였습니다. 엄마가 뒷정리를 마치시기도 전에 성윤이가 도착했습니다. 엄마가 가게 문을 닫고 나오시면 곧장 따라가도 되겠네요.

"어서 와. 우리 엄마가 나오면 같이 가자."

"어디 가는데? 나도 좀 알고 가자."

"재미있는 구경 시켜 줄게. 조그만 기다려 봐."

"근데, 괜찮은 거야?"

"뭐가?"

"네가 화난 채로 가버려서 얼마나 걱정했는지 몰라."

"그렇게 걱정했다면서 전화 한 통 안 하니?"

"야, 안 한 게 아니라 못 한 거야."

성윤이가 무언가 변명을 하려는데 엄마가 불을 끄고 나오셨습니다. 엄마는 내 쪽을 슬쩍 흘겨보셨다가 성윤이를 보면서 이내 웃으셨습니다.

"안녕하세요?"

"성윤이 왔구나. 우리 지훈이 좀 말려 보렴. 난데없이 부녀회 모임에 가겠다는구나."

"네? 부녀회 모임이요? 야, 신지훈. 갑자기 불러내서는 동네 아주머니들이 모여 계신 데를 가자는 거였어? 창피하게 거길 어떻게 가?"

"창피할 게 뭐 있어? 견학 차 왔다고 하면 되지. 엄마도 그렇게 말씀하세요."

나는 못 말리겠다는 표정을 짓고 계신 엄마와 어이없는 표정을 짓고 있는 성윤이를 끌다 시피 해서 마을회관으로 갔습니다. 동네 아주머니 몇 분이 먼저 와 계셨습니다. 엄마는 조금 얼굴을 붉히시더니 아주머니들께 말씀하셨습니다.

"우리 애가 부녀회에서는 무슨 일을 하는지 견학하고 싶다고 해서 데리고 왔어요."

"아줌마들이 모여서 그저 얘기하는 건데 견학할 거까지 뭐 있나? 기왕 왔으니까 앉아서 음료수나 좀 마셔라. 고참, 귀엽게들 생겼네."

나와 성윤이는 아주머니 한 분이 건네주시는 음료수를 공손하게 받았습니다. 엄마가 계속 눈치를 주시긴 했지만 아주머니들께서 음료수도 주시고 과자나 과일도 갖다 주셔서 마치 소풍을 온 기분이었어요. 처음에는 쑥스러워하던 성윤이도 꽤나 즐거워 보였습니다.

우리가 열심히 간식을 먹고 있는 동안 동네 아주머니들이 한 분 두 분 오셨고, 그때마다 엄마가 우리들에 대해서 설명을 하시는 모양이었습니다. 아주머니들은 별로 신경을 쓰시는 것 같지 않았지만 엄마는 굉장히 난처해 하셨습니다.

어느새 마을회관의 큰 방은 동네 아주머니들로 꽉 차고 부녀회장인 우리 엄마가 회의 내용에 대해서 말씀하셨습니다.

"얼마 전 모임에서도 말씀드렸던 일 때문에 긴급하게 다시 모이시라고 했습니다. 바쁘신 데도 참석해 주셔서 감사합니다."

와! 우리 엄마께도 저런 면이……. 엄마는 텔레비전에 나오는 아나운서나 우리 반의 회장처럼 아주 멋있게 보였습니다. 나는 성윤이에게 조그마한 목소리로 속삭였습니다.

"야, 우리 엄마 멋지지 않냐?"

"응, 멋있으셔. 그런데 너희 어머니께서 우리를 째려보시는 것 같아."

나는 성윤이의 말에 얼른 고개를 숙이고 음료수를 먹는 척했습니다. 고개를 들었다가 엄마와 눈이 마주치기라도 하면 금방이라도 쫓겨나게 될지 모르니까요.

"여러분들도 잘 아시겠지만 우리 동네의 주요 상가와 초등학교가 그리 멀지 않습니다. 그렇다 보니 상가와 관련된 차량들 때문에 아이들이 다치는 일이 많아졌어요. 이제는 등 · 하굣길에 교통

지도를 하는 것으로는 충분하지가 않지요. 빨리 대책을 세워야 할 때입니다."

엄마의 말씀이 끝나자 아주머니들께서 웅성거리기 시작했습니다. 나는 이 틈을 타 성윤이에게 말을 걸었습니다.

"오늘 여기 오기 전에 엄마, 아빠랑 얘기를 했었는데 무엇이 옳고 그른지에 대한 문제는 정말 판단하기가 어렵더라고. 인습주의 자들은 인습이 바람직하지 않더라도 사회가 안정되는 데 도움을 주니까 가치가 있다고 하고, 막스 베버라는 사람은 시대가 변하면 옳고 그른 것의 기준이 바뀌니까 가치를 판단할 수 없다고 하고, 생각하면 생각할수록 너무 복잡해."

"전에 말했던 레오 스트라우스는 인습주의자들이나 막스 베버가 진리를 부정한다는 면에서는 같은 입장이라고 했어. 사회 구성원에 따라서 변할 수 있는 인습이 가치 있다고 한다면 세상에 진리는 없는 거 아니겠어. 막스 베버 역시 가치를 판단할 수 없다고 했으니까 진리가 없다고 주장한 것이나 다름없지."

"그렇구나. 그러면 레오 스트라우스는 어떤 것이 가치 있는 것이라고 생각했어?"

"레오 스트라우스는 모든 가치의 기준이 되고 도덕성의 뿌리이며 영원불변한 것을 진리라고 했어. 그 진리를 담은 사상이 바로 철학이야. 따라서 우리는 절대적이고 자연적인 진리를 담은 철학을 기준으로 가치를 판단하고 행동해야 한다는 거야."

"맞아. 가치가 시시때때로 변한다면 사람들은 저마다 자신의 생각이 가치 있는 거라고 주장할 거야. 그렇게 된다면 결국 힘이 센 사람의 주장이 가치 있는 것이 되겠지?"

성윤이는 말없이 고개를 끄덕끄덕 흔들었습니다. 그때 장내가 너무 소란스럽다고 생각하셨는지 엄마가 큰 소리로 말씀하셨습니다.

"자, 다들 조용히 해 주세요. 하고 싶으신 말씀들이 많은 것 같은데 한 분씩 의견을 들어봅시다."

"아이들이 자꾸 다치는 건 상가 주변을 오고 가는 차량이 많아서이기도 하지만 재료를 배달하거나 물건을 사는 사람들이 차를 세워두기 때문이기도 해요. 그러니까 상가 주변 도로에 주차하지 못하도록 카메라를 설치하는 게 어떨까요?"

"그건 안 돼요. 카메라를 설치하면 상가를 찾는 사람들이 줄어들게 될 거 아닙니까? 장사가 잘 안 되면 그 책임은 누가 집니까?"

"맞습니다. 차라리 상가 전용 주차 시설을 만드는 게 좋을 것 같

아요."

"주차 문제도 중요하지만 상가 주변 도로에 차가 다니는 이상 아이들이 안전할 수는 없어요. 아이들이 안전하게 다니려면 돌봐줄 어른이 필요하다고 생각해요. 등·하교 시간 외에도 아이들을 지도해 줄 사람을 구하는 게 좋겠어요."

엄마 말씀에 아주머니들은 기다리기라도 한 듯이 의견을 내놓으셨습니다. 그 의견들은 모두 각자가 중요하다고 생각하는 것을 근거로 나온 거라서 어느 한 가지만 좋다고 말하기가 어려웠습니다.

나는 엄마를 따라 모임에 오기를 잘 한 것 같다는 생각이 들었습니다. 간식을 실컷 먹어서 즐겁기도 했지만 가치의 문제에 대해서도 많이 생각해 볼 수 있었으니까요.

세상의 어떤 곳이든 간에 사람들이 모인 곳에는 문제가 생기기 마련이에요. 그리고 사람마다 중요하게 생각하는 가치와 중요하지 않게 생각하는 가치가 다를 수 있기 때문에 문제를 해결하기도 쉽지 않지요. 중요한 것은 변하지 않는 가치가 있다는 사실을 믿고 그 가치에 따라 행동하는 것이 아닐까요?

가치를 나누는 기준은 무엇인가?

레오 스트라우스는 우리가 행동할 때 어떤 가치를 기준으로 삼아야 하는지에 관해 연구했습니다. 우선 고대 철학자들의 주장을 살펴보겠습니다. 레오 스트라우스에 따르면 고대 철학자들은 가치의 기준을 철학에 두었습니다. 철학은 변하는 것이 아니라 절대적이거나 자연적인 것을 중요시합니다. 인습주의자들은 '올바름'이나 '정의'와 같은 '가치의 기준'은 공동체가 결정한다고 생각합니다. 인습은 진리나 지식과는 다릅니다. 인습주의자들은 인습으로부터 얻어진 권위가 그 사회를 안정시킨다고 생각합니다.

레오 스트라우스는 막스 베버(1864~1920)에게서 인습주의자의 면모를 찾아볼 수 있다고 생각했습니다. 막스 베버는 사실과 가치 중 어느 것에도 치우치지 않고 공정하게 판단해야 한다고 주장했습니다. 막스 베버에 따르면 사회적이고 문화적 현상들은 계속 바뀝니다. 따라서 절

대적이거나 객관적인 규범은 있을 수 없고, 상대적일 수밖에 없습니다. 막스 베버가 보기에 진정한 가치 체계는 존재하지 않는 셈입니다.

서로 다른 가치 속에서 나타나는 갈등

막스 베버는 가치들 간에 갈등이 존재한다고 생각하였습니다. 이러한 갈등은 인간의 이성으로도 해결할 수 없다는 것입니다. 그래서 가치들이 서로 갈등할 때 베버는 그 가치들이 실제로 증명할 수 있는 것인지를 판단해야 한다고 하였습니다. 혹은 어느 한 개인의 주관적인 의견이 작용하고 있는 것이 아닌지를 판단해야 한다고 생각했습니다.

어떤 견해를 찬성하여 가치를 부여한다는 것은 개인적인 취향일 뿐이라는 것입니다. 왜냐하면 우리는 자연이 불평등하게 재능을 배분하였다고 해서 자연이 정의롭지 못한 행동을 했다고 불평할 수 없습니다. 그리고 자연의 정의롭지 못한 행동을 고치는 것이 사회의 의무라고 주장할 수도 없습니다. 인습주의자는 지금 일반적으로 통용되는 견해라 할지라도 그 견해가 변할 수 있기 때문에 진리로 받아들이기를 거부합니다. 그리고 베버는 진리의 근거가 현실에 있지 않기 때문에 진리를 공정하게 바라봐야 한다고 말합니다. 즉 인습주의자들과 베버의 공통점은 진리를 부정했다는 데에 있습니다.

어떤 것이 가치 있다고 판단해 버리면 자연적인 불평등의 문제를 영영 해결할 수 없습니다. 그래도 변하지 않는 가치가 있다는 것을 고려해서 베버는 '신념윤리' 라는 것을 제안했습니다. 레오 스트라우스도 베버의 '신념윤리' 에 대해서 공감했습니다. '신념윤리' 란 사람들이 행동을 할 때 가지게 되는 '도덕적 동기' 와도 같은 개념입니다. 행위의 옳고 그름을 판가름하는 기준이 되지요. 사람들은 이런 '신념윤리' 를 통해 행동을 하기 전에 자신의 행동이 다른 사람에게 어떤 피해를 줄 수 있을지 생각해 보고, 자신도 모르게 실수를 하는 건 아닌지 생각합니다. 이러한 행동은 자신이 속한 어떤 모임에서도 나타날 수 있습니다. 레오 스트라우스에 따르면, 다른 사람의 생각을 잘 듣고 의견이 다를 때 어떻게 해결해야 할지 대화를 통해서 합의하는 것은 바로 변하지 않는 가치를 믿고 따르는 정치행위입니다.

3

자연권

 정치가의 목표는 공동선이다.   — 레오 스트라우스

1 눈에 보이는 것이 전부는 아니야

부녀회 모임이 끝나고 집으로 돌아왔을 때였습니다. 수연이에게 전화가 왔습니다.

"어, 수연아. 이 시간에 웬일이야?"

"내가 꼭 무슨 일이 있어야 전화했니? 그냥 뭐 하나 궁금해서 전화했지."

나는 수연이의 말에 기분이 엄청 좋아졌습니다. 내 생각이 나서 전화를 했다니 얼마나 기쁜지 모르겠어요.

"뭐, 집에서 엄마, 아빠랑 얘기도 하고, 가게 일도 도와드렸어."

나는 차마 엄마를 따라 부녀회에 다녀왔다는 이야기를 할 수가 없었어요. 수연이는 잠깐 말이 없더니 금방 생각났다는 듯이 물었습니다.

"참, 오늘 동아리 모임이 있었지?"

"으, 응."

"뭐 재미있는 일 없었어?"

"재미있는 일? 글쎄, 별 일 없었는데."

"정말 아무 일도 없었어? 전에 농구부랑 무슨 일이 있었다고 들었는데……."

아, 그러면 그렇지. 회장이 농구부 주장과 대결한 일을 수연이도 들은 모양이에요. 어쩐 일로 전화를 했나 싶었더니 회장 얘기가 궁금했던 거네요. 나는 갑자기 기운이 빠지고 화도 조금 나서 퉁명스럽게 대꾸했습니다.

"회장이 농구부 주장이랑 싸운 거 말이야?"

"상민이가 싸움을 했어? 진짜야? 난 농구 대결을 했다고 들었는데 이상하다."

"넌 다 알면서 뭐 하러 전화 했냐?"

"너한테 물어보면 정확하게 알 수 있을 거 아냐? 애들끼리 하는 말을 들어보니까 상민이가 농구부 주장을 농구 시합으로 이겼다고 하더라구. 농구부 주장이 꼼짝도 할 수 없을 만큼 대단했다고 난리였어."

"야, 그건 다 소문일 뿐이야. 제대로 본 사람이 한 명도 없는데 어떻게 알아? 소문만 잔뜩 부풀려져서 나도 회장이 날아다녔다는 둥 희한한 소리만 들었어. 회장이 무슨 파리도 아니고, 참 나."

"그래도 농구부 주장을 이겼다는 건 확실할 거 아냐?"

"그것도 모르는 일이지. 나는 내 눈으로 본 것만 믿는다구."

"넌 참 이상해. 너네 동아리 회장이 이겼다는데 좋지 않니? 나 같으면 거짓말이래도 믿겠다. 꼭 네가 겪은 것만 중요한 것도 아닌데, 상민이 일이라면 무조건 나쁘게 보는 것 같아."

어느새 수연이의 목소리는 뾰로통하게 변해 있었습니다. 나도 수연이의 말이 맞다는 것은 알고 있어요. 만약 수연이가 회장에게 관심이 없었다면, 나 역시 회장의 무용담을 자랑스럽게 전해 주었을 거예요. 하지만 수연이에게 회장의 일을 자랑하고 싶지는 않았습니다. 이번 일로 수연이가 회장을 더 좋아하게 된다면 수연이의 마음속에는 회장에 대한 생각만 가득 차게 될 지도 모릅니다. 나

는 불안한 마음이 들어 나도 모르게 그만 수연이의 말에 꼬투리를 잡고 말았습니다.

"내가 보고 들은 게 중요하지, 다른 게 뭐가 중요해?"

"네가 보고 들은 것이 아니라고 해도 세상에는 중요한 것이 얼마든지 있어. 부처님이나 하느님 말씀도 그렇고, 사랑처럼 변하지 않는 가치도 있어."

"그런 건 나도 알지만 회장이 농구부 주장을 이겼다는 건 믿을 수 없어. 믿고 싶지도 않고."

"너한테 상민이 얘기를 물어본 내가 잘못이지. 이만 끊을게."

나는 인사도 못하고 끊겨버린 전화기를 멍하니 쳐다보았습니다. 수연이는 왜 그렇게 눈치가 없는 걸까요? 다른 여자애들이라면 벌써 눈치챘을 거예요. 수연이는 얼굴도 예쁘고 공부도 잘하고 마음씨도 착한데, 내가 자기를 좋아하고 있다는 사실은 까맣게 모르고 있는 것 같습니다.

나는 잠자리에 들어서도 계속 수연이랑 통화한 일만 생각이 났습니다. 수연이가 토라져서 나를 본체만체하게 된다면 어쩌지요? 이럴 줄 알았으면 잘 모르겠다고 할 걸 그랬어요. 얼른 내일이 와

서 빨리 사과를 해야 할 텐데, 잠은 안 오고 자꾸 걱정만 앞섭니
다.

2 앞으로 앞으로

다음 날 아침 나는 서둘러 학교에 왔습니다. 수연이를 만나 사과를 해야 한다는 생각에 마음이 급했거든요. 수연이는 학교에 일찍 오는 편이니까 아이들이 많아지기 전에 만날 수 있을 거예요.

나는 수연이네 교실 근처를 어슬렁거렸습니다. 수연이네 반에는 서너 명 정도의 아이들이 있는 듯했는데 수연이의 모습은 보이지 않았습니다. 나는 등교하는 아이들이 이상하게 생각할까 봐 게시판을 보는 척했습니다.

게시판에는 과학 경시 대회 공고문이 붙어 있었습니다. 어제까지만 해도 이번 주 특별활동과 농구 대회를 알리는 글밖에 없었는데 과학 선생님께서 퇴근하시기 전에 붙여두셨나 봐요.

　나는 여러 과목들 중에서 과학을 제일 좋아합니다. 실험을 하기 전에 어떤 결과가 나올지 예상해 보고 하나하나 주의를 기울여 실험하는 것이 즐겁거든요. 내가 과학 경시 대회에 한 번 나가 볼까 고민을 하고 있는데 누군가 내 이름을 불렀습니다.

　"지훈아, 뭘 그렇게 열심히 보니?"

　"어, 성윤이구나. 과학 경시 대회 공고문이 붙어 있길래 나가 볼까 생각하고 있었어."

　"그래? 한 번 나가 봐. 네가 과학은 엄청 잘하잖아."

　"과학만? 다른 것도 잘하는데 과학을 특히 잘하는 거라고. 과학은 누구나 인정할 수 있을 만큼 분명한 거라서 정말 마음에 들어. 눈에 안 보이는 건 믿기가 어렵잖아. 나는 커서 꼭 훌륭한 과학자가 될 거야."

　"그래. 훌륭한 과학자가 되면 바람이 잘 빠지지 않고 표면이 잘 닳지 않는 농구공을 좀 개발해 줘. 네가 그런 농구공만 개발하면 엄청난 부자가 될 거야. 전 세계인이 그 농구공을 살 테니까 말이야."

"와, 그거 참 좋은 아이디어다. 내가 그런 농구공을 개발하면 너한테 제일 먼저 보내 줄게."

"고마워. 기대할게. 그나저나 오늘 저녁 때 시간 있니?"

"왜?"

"뭘 좀 사야 되는데 혼자 가기 심심해서 말이야."

"그래. 같이 가자."

"고마워. 공고문 다 봤으면 이제 교실에 가자."

"어, 다 봤어."

나는 결국 수연이에게 사과를 하지 못하고 교실로 들어갔습니다. 수업을 하는 내내 신경이 쓰였지만 쉬는 시간에 찾아가서 불러내기는 쑥스러웠습니다. 수업이 끝난 다음에는 성윤이와 가야할 곳이 있으니 저녁 때 전화를 하는 방법밖에 없겠네요.

마침내 수업이 끝났습니다. 나는 성윤이를 따라 복도를 지나가다가 수연이네 반 근처에서 잠시 멈추어 섰습니다.

"왜 그래?"

"아, 아냐. 얼른 가자."

나는 아무 일 없다는 듯이 앞장서서 걸었습니다. 뒤통수가 근질근질한 것 같기도 했으나 씩씩한 척하며 서둘렀습니다.

잠시 뒤 우리들은 교문을 빠져나왔습니다. 그 때 성윤이가 내 얼굴을 찬찬히 살피면서 물었습니다.

"너 무슨 일 있지?"

"왜?"

"내가 너를 하루 이틀 보니? 네 얼굴에 '나 걱정 있어' 이렇게 쓰여 있어."

"그런가? 사실은 어제 친구랑 말다툼을 조금 했거든."

"네가 나 말고 친구가 또 있어?"

"야, 내가 친구가 얼마나 많은데 그래. 그리고 친구한테 걱정거리가 있으면 위로를 해 줘야지 이렇게 놀리기야?"

"미안, 미안. 걱정거리가 뭔데? 너 요즘 유난히 근심 걱정이 많은 것 같다."

성윤이의 말을 듣고 보니 정말 그런 것도 같네요. 나에게 사춘기가 찾아온 것일까요? 사춘기가 오면 이성 친구에게 관심이 많아지고, 고민이 늘어난다고 하잖아요?

나는 성윤이에게 수연이와 한 대화 내용을 대략 알려주었습니다. 물론 친구가 수연이라는 것과 회장의 일을 못 믿겠다고 했던 것은 말하지 않았습니다.

"나도 네 친구랑 같은 생각이야. 세상에는 종교나 철학처럼 눈에 보이지는 않지만 가치 있는 것들이 많이 있다고 생각해."

"그러니까 말이야. 나도 종교나 철학이 눈에 보이거나 손으로 만질 수 없다고 해도 가치가 있다는 건 알아. 그때는 어쩌다 보니 그렇게 말한 거지."

"철학이 생겨나기 전에 살았던 사람들은 오래된 것이 올바르고, 새로운 것은 나쁘다고 생각했대. 하지만 사람들은 점차 소문보다는 자신이 눈으로 확인한 것, 들은 것보다는 관찰한 것을 더 믿기 시작한 거야. 즉, 오래된 것에 대해서 의심을 해보는 철학적 탐구가 이루어진 거지."

"그렇다면 인습주의자들은 철학을 엄청 비판했겠구나. 인습주의자들은 오랫동안 가치를 인정받아 왔던 인습의 권위가 떨어지는 게 싫었을 거 아냐?"

"맞아. 인습주의자들은 철학적 탐구로 인해 자연적인 것이 발견되는 것을 두려워했어. 철학이 이성을 통해 진실로 존재하는 자연을 발견하면 사회 구성원들에 따라 가치가 달라지는 인습의 지위

는 떨어지게 마련이니까."

"그런데 자연적인 것은 무엇을 의미하는 거야?"

"레오 스트라우스는 항상 존재하고 있으며, 소멸될 수 없는 걸 자연적인 것이라고 했어. 빨간 색은 빨갛고, 파란 색은 파란 것처럼 논란의 여지없이 분명한 것 말이야.

인간이 보기에는 정당할 수도 있고 정당하지 않을 수도 있는 것이 신의 관점에서는 모두 공평하고 선하거든. 이렇게 사람들이 만들어 낸 것이 아니라 자연적으로 존재하는 것을 레오 스트라우스는 자연권이라고 불렀어."

나는 성윤이의 말에 고개를 끄덕거렸습니다. 자연권이 매우 넓은 개념이긴 하지만 변하지 않는 가치가 있어야 사람들은 올바르게 판단하고 행동할 수 있을 거예요. 자연권이 인정되지 않는다면 사람들은 소문에 의지해서 행동하고 잘못된 인습을 따르게 될 테니까요.

나는 새삼 레오 스트라우스의 의견에 공감했습니다. 처음에는 레오 스트라우스가 누구인지도 몰랐고 조금은 싫기도 했어요. 사람들이 우정을 나누면서 자연적인 질서에 따라 조화롭게 살아야 한다니, 너무 멀게만 느껴졌거든요. 아직도 레오 스트라우스의 의견을 따르기가 어렵다는 생각은 들지만 사람들이 모여 살아가는 사회 속에서 가치의 문제를 고민한 것은 정말 존경스럽습니다.

성윤이와 레오 스트라우스의 의견에 대해 이야기를 나누다 보니 우리들은 어느덧 학교 근처 상가들을 한참 지나 있었습니다.

"성윤아, 우리 지금 뭐 사러 가는 거야?"

"농구공 사러 가."

"뭐? 농구공. 내가 회장이랑 다툰 거 잘 알면서……."

"새삼스럽게 뭘 그래. 너 진짜로 동아리 활동 안 할 거야?"

"아직은 잘 모르겠어. 생각 중이야."

"그러지 말고 좋은 쪽으로 생각해 봐. 다들 네 걱정을 하고 있단 말이야."

"……."

"상민이가 그러는데 이번 시합에서 이기면 농구장 사용을 할 수 있을지도 모른대. 그래서 꼭 이겨야 한다고 생각했나 봐. 전에 너도 농구장에서 농구하고 싶다고 했었잖아. 다른 아이들도 이 얘기를 듣고 처음에는 투덜거리더니 나중에는 차례를 바꾸기로 의견을 모았어."

나는 우리 동아리의 상황과 회장의 판단에 대해서 곰곰이 생각해 보았습니다. 이야기를 듣고 보니 회장의 행동이 어느 정도 이해가 되었습니다. 농구장을 사용할 수 있도록 해 준다면 시합에 나가는 순서를 바꾸자고 할만도 했으니까요. 그동안 우리 동아리는 체육 선생님과 농구부의 무시를 당하면서 망가진 농구 골대를 써야 했기 때문에 농구장 사용은 꿈같은 일이었습니다.

나와 성윤이는 대화가 끊긴 채 상가와 공원을 지나 스포츠용품점에 도착했습니다. 우리들은 가끔 손목 보호대나 농구공을 사러 오거나 새로 나온 농구공이나 축구공을 구경하기 위해 오곤 했습니다.

빼곡하게 늘어선 상가들과는 달리 스포츠용품 가게 안은 꽤 넓었습니다. 스포츠의 종류가 워낙 많아서인지 다양한 물건들로 가득 차 있었습니다. 트레이닝복, 조깅화, 수영복, 테니스채, 아령 등 종류를 하나하나 다 말하려면 아마도 하룻밤을 꼬박 새야 할 거예요.

성윤이가 농구공을 고르는 사이에 나는 이 가게에서 보물 1호로 보관하고 있는 사인볼을 구경했습니다. 그 사인볼은 작년 프로 농구 대회에서 최고로 인기를 끌었던 L선수가 직접 사인을 해 준 공이었습니다.

원래 공 표면에는 지구본처럼 세계 지도가 그려져 있었는데 L선수의 사인이 표면을 메워서 지도의 모양은 잘 보이지 않았습니다. 그래도 색깔이 초록빛과 푸른빛이어서 유심히 살펴보면 정말 지구랑 비슷해 보였습니다.

나는 문득 노래 하나가 떠올랐습니다.

앞으로 앞으로 앞으로 앞으로
지구는 둥그니까 자꾸 걸어 나가면
온 세상 어린이를 다 만나고 오겠네
온 세상 어린이가 하하하하 웃으면
그 소리 들리겠네 달나라까지
앞으로 앞으로 앞으로 앞으로

음악 시간에 이 노래를 배울 때는 정말 신이 났는데 지금 내 마음은 그때만큼 신이 나지 않습니다. 지구는 둥그니까 자꾸 걸어 나가면 온 세상 어린이를 다 만날 수는 있겠지요. 하지만 온 세상 어린이가 하하하 웃을 수 있을까요? 내 주변의 친구와 잘 지내기도 이렇게 어려운데 말이에요.

나는 사인볼을 뒤로 하고 성윤이에게 다가갔습니다. 성윤이는 두 개의 농구공을 들고 이리저리 비교해 보았습니다. 둘 다 인기 있는 공인데다가 가격이 비슷해서 결정을 내리기가 쉽지 않은 모양이에요.

성윤이는 드디어 결정을 내렸는지 공 하나를 들고 계산대로 갔습니다. 둘 중 하나를 고르는 일은 무척이나 힘들어요. 자장면이냐, 짬뽕이냐 하는 문제는 짬짜면으로 해결할 수도 있지만 어떤 농구공을 살 것인지는 쉽게 결정할 수가 없어요. 농구공은 값도 꽤 비싼데다가 한 번 사면 오랫동안 써야 하는 것이니까요.

이제 나에게도 결정을 내려야 할 시간이 왔습니다. 바로 내일이 농구시합이라 더 이상 미룰 수가 없거든요. 갑작스럽게 경기가 취소되지 않는다면 오후 2시 우리 학교 농구장에서 농구 시합이 한창일 것입니다. 내가 내일 그곳에 있든지 없든지 간에 말이지요.

3 자연권은 결국 시민들의 보편적인 합의이다

주말이 되었습니다. 두 시간 후면 농구시합이 시작되지요. 그러나 나는 아직까지 마음을 정하지 못해서 빵집 안을 왔다 갔다 하고만 있습니다.

엄마는 주방에서 빵과 쿠키를 굽고 계세요. 아, 이럴 때가 정말 좋은 기회인데, 왜 이렇게 가슴이 뛰질 않을까요? 평소에는 온갖 빵들이 나에게 달려오는 것 같아 가슴이 설레고, 어떤 빵을 먹어야 엄마에게 들키지 않을까 고민했습니다. 그런데 오늘은 도통 가게 안의 먹을거리에 관심이 생기지 않네요.

"오늘은 아무것도 안 먹고 있네. 내가 주방에서 나올 때마다 다른 걸 들고 있더니."

"엄마가 맛있게 만드신 것들을 저만 먹을 수는 없잖아요. 다른 사람에게도 맛볼 기회를 줘야죠."

"녀석, 이미 배부르게 먹은 건 아니고?"

"아니에요. 오늘은 진짜 양보하는 마음을 갖기로 했어요."

"그래, 잘 생각했어. 이거 진열대에 좀 놓아줄래?"

나는 엄마가 건네주신 소보로빵을 조심스럽게 받아들었습니다. 소보로빵을 진열대 위에 놓다 보니 회장 생각이 났습니다.

나는 동아리 친구들과 빵을 나누어 먹으려고 엄마를 도와드리고 얻은 빵을 가져 간 적이 있었어요. 그때 회장은 소보로빵이 못생겼지만 그 못생긴 부분 때문에 맛있는 거라고 했습니다. 무엇이든지 겉만 보고는 알 수 없다는 말도 덧붙였고요.

엄마도 언젠가 소보로빵을 진열하시면서 사람을 겉만 보고 판단하면 안 된다고 하셨습니다. 그러고 보면 회장도 성윤이만큼이나 생각이 깊은 애인 것 같습니다.

나는 고심 끝에 결국 학교 농구장으로 향했습니다. 내가 등장하면 동아리 친구들은 어떤 반응을 보일까요? 성윤이 말로는 다들 걱정하고 있다고 했으니 나를 엄청 반길지도 모르겠네요.

어제 농구공을 사서 집으로 오는 길에 성윤이는 농구 대회에 오라고 나를 설득했습니다.

"내일 농구 시합할 때 올 거지?"

"……."

"내 생각해서라도 꼭 와 줘. 시합하는 거 보기 싫으면 내가 레이어 슛을 몇 개나 넣는지 세어 주면 되잖아. 그리고 그동안 우리가 레오 스트라우스에 대해서 했던 얘기들도 생각해 봐."

요 며칠 사이에 나는 레오 스트라우스에 대해서 꽤 많이 배웠습니다. 다 성윤이 덕분이지요. 레오 스트라우스의 의견은 우리가 사회를 형성하여 살아가는 이상 중요하다는 생각이 들어요. 우리가 살아가는 사회에는 정의가 있어야 하니까요. 하지만 사회마다 추구하는 정의가 다르기는 하겠죠? 그렇다고 정의가 없다고 말할 수는 없어요. 단지 여러 가지 정의들 사이에 충돌이 생기기는 하겠지만요.

아빠는 여러 가지 정의들이 존재하고 그것들이 충돌을 일으키기

때문에 인습주의자들의 주장이 옳은 것처럼 보일 수도 있다고 하셨습니다. 그러나 우리들은 가장 올바른 것을 추구하는 태도를 잊지 말고, 절대적인 선에 가장 가까운 가치를 따르려 노력해야 한다고 생각해요.

우리 집 앞에서 성윤이는 결의에 찬 표정으로 말했습니다.

"어떤 것이 더 정의에 가깝고 가치 있는가에 대해서는 많은 사람들이 의견에 찬성해야 해. 돈이 많다고 해서, 힘이 세다고 해서 결정할 수는 없어. 정의가 자유로운 시민들에 의해서 합의되었을 때, 그 정의는 타당한 것이 될 수 있는 거야."

"그러니까 네 말은 공동체 사람들이 의견을 모아서 찬성한 내용은 받아들여야 한다는 거네?"

"응. 많은 사람들이 일치한 생각을 우리가 보편적인 것이라고 하잖아. 많은 사람들이 찬성한 의견이란 것이 보편적인 합의라고 해. 레오 스트라우스는 이를 가리켜 자연권이라고 하였는데, 자연권은 어느 나라 시민이든 동의할 수 있는 것이어야 해. 예를 들어 지구에 사는 사람이라면 누구나 인정하는 가치인 인권처럼 말이야."

성윤이는 회장의 결정이 지구인 모두가 인정할 수 있는 가치는 아니더라도 동아리 친구들의 자유로운 합의에 의해 결정된 것이므로 따라야 할 필요가 있다고 했습니다.

"자연권은 사회의 규칙이나 법에 앞서 존재하는 거야. 사회의 규칙이나 법이 자연권을 근거로 하기 때문이지. 우리에게는 순번에 따라 시합에 나간다는 규칙이 있지만 자연권을 우선시한다면 그 규칙이 바뀔 수도 있다고 생각해."

분명히 우리 동아리에는 차례대로 농구 시합에 나간다는 규칙이 정해져 있었습니다. 그러나 동아리 친구들은 모두의 이익을 위해서 가장 바람직하다고 생각하는 의견에 뜻을 모았어요. 물론 회장이 이미 결정을 내린 상태에서 친구들의 합의를 이끌어낸 것은 문제겠지요. 그래도 회장이 혼자만의 이익을 위해서 결정을 한 일은 아니니까 이번만은 이해해 주기로 마음먹었습니다.

이런저런 생각을 하다 보니 학교 농구장 근처에 도착했습니다. 2시가 거의 다 된 시간이라 밖에는 아이들이 별로 없었어요. 나는 농구장으로 들어서서 우리 동아리 친구들을 찾아보았습니다. 선수로 뛰는 친구들은 벌써 농구 코트에 모여 심판을 보는 선생님께 이야기를 듣고 있었고, 나머지 친구들은 구경하거나 응원하러 온 학교 아이들에 둘러싸여 있었습니다.

나는 동아리 친구들 곁으로 갔습니다. 나를 발견한 친구 몇몇이 일어나서 인사를 했어요.

"왜 이렇게 늦었어? 뭐, 아직 경기가 시작되지는 않았지만 우리는 네가 안 오는 줄 알고 얼마나 걱정했는데."

"어디 아프다더니 이젠 괜찮아?"

"말짱해 보이는데……. 오늘은 간식 안 싸 왔냐?"

"넌 친구가 아팠다는데 먹을 거부터 찾냐?"

동아리 친구들은 내가 대답하기도 전에 갖가지 인사말을 건넸습니다. 아마도 아이들은 내가 아파서 나오지 못했던 걸로 알고 있나 봐요. 누구 아이디어인지는 모르겠지만 꽤 괜찮은 생각이었네요. 덕분에 어색하지 않게 되었으니 말입니다.

자리를 잡고 앉아서 농구 코트 쪽으로 눈길을 돌리자 성윤이가 나를 보고 손을 흔들었어요. 나도 성윤이 쪽으로 손을 흔들어 주고 나서 손가락으로 V자를 만들어 보였습니다. 그 때 회장이 나를 알아보고는 살짝 웃었습니다. 나는 V자를 만들었던 손을 얼른 내리고 어색한 표정을 지었습니다.

이윽고 경기가 시작되었습니다. 처음에는 우리 팀을 응원하기보다 성윤이가 레이어 슛을 몇 개나 성공시키는지 세었어요. 하지만 나중에는 나도 모르게 응원에 빠져들어 성윤이가 레이어 슛을 몇 개까지 넣었는지 잊고 말았어요.

　다행스럽게도 농구시합에서 우리 팀이 49 : 41로 승리를 거두었습니다. 우리들은 모두 일어나 환호성을 지르며 옆 사람을 껴안았습니다. 나도 박수를 치면서 좋아했지만 마음 한 편이 쿡 쑤시는 것 같은 느낌은 어쩔 수 없었습니다.

인습은 올바른 것일까?

'자연'을 이해하기 위해 사람들은 자연적인 현상과 비자연적인 현상을 구분했습니다. 철학이 존재하기 이전에 사람들은 '오래된 것'을 '올바름'이나 '선'으로 생각했고, 새롭고 낯선 것을 나쁜 것으로 생각하였습니다. 그래서 사람들은 인습은 좋은 것이라고 생각하게 되었지요.

'자연권'에 관한 생각은 '과연 인습이 좋기만 한 것일까?' 하는 의심을 하면서 생겨났습니다. 한 사회에 자리 잡고 있는 인습의 거대한 힘에 대해 소크라테스가 처음 의심을 품기 시작했습니다. 어떤 인습은 장남을 제물로 요구하지만, 다른 인습은 인간을 제물로 삼는 것을 증오의 대상으로 금지합니다. 그렇다면 어느 인습이 옳다고 할 수 있을까요?

이러한 의심이 모든 사물로 확대되면서 자연에 관한 새로운 해석이 나타나게 되었습니다. 전에는 옳은 것과 인습적인 것을 같다고 여겼으나 철학적인 탐구를 하면서부터는 옳은 것과 인습의 근본적인 차이를 인정하게 되었습니다. 그리고 '올바름'에 대한 탐구도 시작하게 되었습니다. 결국 사람들은 철학적인 탐구를 통해 '인습적으로 올바른 것'과 '자연적으로 올바른 것'을 구분하게 되었습니다.

인습을 믿는 사람들은 인습이 오래 전부터 전해 내려오거나 신성한 계율에서 발생하였다고 생각하면서 자연과 구분 짓습니다. 그리고 그들은 자연이 새롭게 발견되고 해석되는 것을 두려워합니다. 왜냐하면 사람들이 인습을 가장 오래된 것이자 가장 좋은 것으로 인정하고 여기서 나타나는 권위를 지키면서 이어 나가려고 하기 때문입니다. 인습의 권위를 인정하는 사람들은 철학이 사회의 질서를 위협한다고 생각합니다.

철학은 인습의 권위를 거부하면서 이성을 통해서 자연권을 내세웁니다. 철학자들이 말하는 '자연권'은 현실에서 적용되는 법 이외에 우리에게 필요한 '정의의 잣대'를 의미합니다. 자연은 붉은 색처럼 논란의 여지가 없이 뚜렷하고 분명합니다. 사람들은 소문과 자신의 눈으로 목격한 것을 구분하였고, 들은 것보다는 관찰한 것을 더 믿었습니다. 여러 도시를 여행하고 관찰하고 여러 습성들을 보았던 사람들은 눈으로 목격한 것과 소문 사이에 있는 차이를 구분하였습니다. 그래서 규범을 실시

하는데 있어 중요한 판단이 필요하면 모든 사람들에게 분명하게 증명될 때까지 미루어 두게 되었습니다.

철학의 도움으로 자연은 보다 뚜렷하고 분명해졌습니다. 그러므로 사회생활에도 뚜렷하고 분명한 기준이 될 수 있는 '정의의 잣대'를 찾고자 하였습니다. 그러나 인습은 권위적인 결정에 의해 흔들리고 몰래 숨겨질 수 있습니다. 철학은 뚜렷하고 분명하게 '사회생활의 일반적 성격의 범위를 정하는 규칙'으로서 자연권에 호소하였습니다. 그리고 이전부터 내려오던 인습의 지위를 추락시켰습니다.

사람들은 법을 지키지 않는 근거를 자연권에서 찾을 수 있게 되었습니다. 철학은 자연권이 어떤 사회의 규율이나 법에 앞선 존재임을 뒷받침해 주어야 합니다. 레오 스트라우스는 자연권이 어떠한 사회의 법보다 우선한다는 것을 뒷받침해 주는 근거를 '소크라테스의 지혜'에서 찾았습니다. 레오 스트라우스에 따르면 소크라테스야 말로 '양심의 소리'에 귀를 기울인 자유인이었습니다. '양심의 소리'에 어긋나는 행동을 하였는데, 올바른 행동을 한 것처럼 하는 것은 다른 사람들을 무시하는 행동입니다. 혼자만의 이익을 위하는 행동은 자연권을 따라 행동했다고 볼 수 없습니다. 더욱이 어떤 사회의 규율이나 법이 인권이나 인간의 존엄성을 결코 무시해서는 안 됩니다.

4

정치란 무엇인가?

 모든 정치적 행동은 더 좋은 것과 나쁜 것에 대한 생각에 의해서
인도된다.

— 레오 스트라우스

1 얼떨결에 회장직을 맡다

경기가 끝나고 두 팀이 모여 기념사진을 찍었습니다. 이기든 지든 항상 밝은 표정으로 사진을 찍었지만 오늘은 표정들이 더 밝은 것 같아요. 아마도 농구장을 이용할 수 있을 거라는 기대에 차서 그런 게 아닐까요?

기념사진을 찍고 경기에 나갔던 친구들이 우리 학교 응원부대 쪽으로 오자 아이들은 저마다 환호성을 질렀어요. 인석이와 철호는 서로 얼싸안고 뜀박질까지 하더니만 주변의 시선을 의식했는지 멋쩍은 표정을 지었습니다.

상대팀 아이들이 짐을 정리해서 나가고, 농구장 안은 조금 조용해졌어요. 회장은 이때다 싶었는지 큰 소리로 말했습니다.

"잠깐만 나 좀 봐. 오늘 정말 잘했어. 우리가 우승한 기념으로 내가 맛있는 거 쏠게."

"와!"

회장의 말에 우리들은 아까 전보다 더 큰 환호성을 질렀습니다. 그렇지만 조금씩 환호성이 사그라지고 의심과 걱정이 섞인 목소리가 쏟아져 나왔습니다. 우리 동아리는 인원이 스물두 명이나 되는데 회장 혼자서 22인분을 책임지기는 무척 어려운 일이거든요.

"상민아, 우리 모두 합치면 스물두 명이야."

"그래, 스물두 명이 떡볶이를 먹는다고 해도 22인분이면 장난이 아닌데……."

"너 사탕 한 봉지 사서 나눠 주려고 그러지."

"껌 하나씩 나눠 줘도 되겠다. 히히."

"너 오늘 용돈 받았냐?"

참, 우리 동아리 친구들은 한 번 말을 시작하면 끝이 없습니다. 이럴 땐 성윤이가 나서 줘야지요.

"상민아, 그러지 말고 우리 다 같이 돈 모아서 분식집 가자."

"괜찮아, 성윤아. 사실은 내가 사는 게 아니라 우리 엄마가 만들어 주시는 거야."

"와! 진짜? 그럼 우리 너네 치킨 집에 가는 거야?"

"응, 얼른 짐 챙겨. 배고픈데 빨리 가서 먹자."

우리들은 저마다 신이 나서 짐을 챙겼습니다. 배가 고프기도 하지만 마음껏 치킨 먹을 생각을 하니 저절로 흥이 나네요.

우리들은 삼삼오오 무리를 지어 회장의 어머니께서 운영하시는 치킨 가게에 갔습니다. 전에 회장 네가 치킨 가게를 한다는 말은 들었지만 직접 오기는 처음이에요. 맛이 일품이라고 소문이 자자한데 배달을 하지 않는 가게라서 먹어본 적은 한 번도 없었어요.

"다녀왔습니다."

"안녕하세요?"

우리들이 가게 안으로 들어서자 회장의 어머니께서 하시던 일을 멈추시고 우리들을 맞이해 주셨습니다.

"어서들 오렴. 표정들을 보니 이겼나 보구나."

"네! 저희가 49 : 41로 이겼어요."

쾌활하기로는 둘째가라면 서러워 할 인석이가 의기양양하게 말했습니다. 우리들도 덩달아 의기양양한 표정을 지었습니다.

"그랬구나. 잘했다."

"엄마. 우리 배고파요."

"그래. 엄마가 벌써 준비해 놨으니까 맛있게들 먹어. 부족하면 더 얘기하고."

"네, 잘 먹겠습니다."

우리들은 회장 어머니의 말씀이 끝나기가 무섭게 치킨을 뜯기 시작했습니다. 얼마나 먹는데 열중했는지 가게 안이 조용할 정도였어요. 아무도 말 한마디 하지 않았고, '냠냠', '꿀꺽' 하는 소리만 들렸습니다.

오래지 않아 탁자 위의 접시들이 비워지고 아이들의 손놀림이 느려졌습니다. 다들 배가 부른 모양이에요. 빵이랑 샌드위치 몇 개쯤은 순식간에 먹어치우는 나도 더 이상은 무리였으니까요.

우리들은 서로의 얼굴을 쳐다보며 웃었습니다. 정신없이 먹느라 몰랐었는데 먹고 나서 보니까 얼굴들이 말이 아니었거든요. 입 주변에 양념이 묻어서 빨간 립스틱을 바른 어릿광대들 같았어요.

"풋, 다들 입술에 양념 립스틱 발랐어."

"하하하, 너는 양념 립스틱 말고 양념 점까지 찍었는데……."

"어디? 좀 닦아 봐."

"코 옆에 있잖아. 얼굴 대 봐."

인석이가 친절하게 민수의 얼굴을 닦아 주었습니다. 우리들도 킥킥 웃으면서 입 주위를 닦았습니다.

"상민아, 궁금한 게 있는데 말이야. 며칠 전에 농구부 주장이랑 대결한 얘기 좀 해 줘."

"맞아. 나도 궁금했어. 그 대결에서 농구부 주장은 농구공 한 번 제대로 만져보지 못했다고 하던데 사실이야?"

"아니야. 내가 새도 아니고, 어떻게 날아다니겠냐? 농구부 주장이 하도 우리를 무시하길래 홧김에 대결 신청을 하게 된 거야."

"농구부가 우리보다 농구를 잘하는 게 당연하지 그걸 갖고 잘난 척을 하다니……."

"이번 시합이 중요하니까 농구장을 좀 빌리자고 말했더니 어차피 잘하지도 못하니까 운동장에서 그냥 하라고 하더라구. 화가 나서 대결을 신청했지 뭐."

"그런데 농구는 혼자 할 수가 없잖아. 어떻게 대결한 거야?"

"누가 자유투를 많이 넣나 내기했어. 내가 두 골이나 더 넣어서 농구부 주장을 이겼어. 하하하."

회장은 우리들을 향해 승리의 V를 해 보였습니다. 다들 대단하다는 말을 하면서 박수를 쳤습니다. 나는 슬며시 기분이 나빠졌어요. 그래도 치킨을 맛있게 얻어 먹었으니까 조금 참으려고 했는데 결국은 꾹 참았던 생각이 튀어나오고야 말았어요.

"자유투를 넣는 거였으면 뛰어다니거나 폼을 잡을 필요도 없었을 텐데 왜 날아다녔다는 얘기가 나온 거냐?"

"음, 나도 잘 모르겠어. 아마 농구부 애들이 그렇게 소문을 냈을 거야. 내가 엄청 농구를 잘한다고 소문을 내야 농구부 주장이 졌다는 게 덜 민망하잖아."

회장의 대답에 아이들은 고개를 끄덕끄덕했습니다. 나는 속으로 그러면 그렇지 싶었어요. 회장의 입으로 직접 밝혔듯이 회장의 무용담은 입김을 잔뜩 불어넣은 풍선이었네요. 커 보이지만 터뜨리고 나면 작은 조각만 남는 풍선처럼 회장의 무용담도 알고 보니 별 거 아니었습니다.

"애들아, 하고 싶은 말이 있는데……."

회장은 갑자기 무슨 이야기를 꺼내려는지 머뭇거렸습니다.

"뭔데? 빨랑 말해 봐."

"내가 부탁이 하나 있는데 들어줄래?"

"무슨 부탁? 회장님이 부탁하시는데 당연히 들어줘야지. 안 그렇니?"

무슨 부탁인지는 모르지만 친구들은 회장의 부탁을 들어주자고 입을 모았습니다. 회장은 우리들의 얼굴을 살피더니 말을 꺼냈습니다.

"우리 동아리 회장을 새로 뽑았으면 좋겠어. 회장을 하던 형이 작년 10월에 전학을 가는 바람에 그때부터 내가 회장을 해 왔잖아. 한 사람이 오랫동안 하는 것보다 다른 사람이 해 보는 것도 좋을 거 같아."

"그래도 이왕 맡은 김에 네가 끝까지 하는 편이 더 낫지 않을까 싶은데……."

"우리 동아리가 앞으로 농구장을 쓰게 될지도 모르잖아. 나는 농구부 애들이랑 사이가 너무 나빠서 좋지 않을 것 같아. 그러니까 이번에 친구들하고 잘 어울리고 성격이 활발한 사람으로 회장을 뽑았으면 좋겠어."

"어? 그럼 나밖에 없잖아."

역시 쾌활하기로는 둘째가라면 서러워할 인석이가 너스레를 떨었습니다.

"미안하지만 내가 회장으로 추천하고 싶은 사람이 있어. 그 친구를 회장으로 밀어주면 좋겠다는 게 내 부탁이야."

"대체 그 친구가 누군데?"

"응, 나는 지훈이가 우리 동아리 새 회장이 되었으면 좋겠어."

쿵! 나는 수업 시간에 졸다가 선생님께 걸렸을 때처럼 깜짝 놀라 자리에서 일어났습니다.

"뭐? 나보고 회장을 하라고?"

"깜짝이야. 왜 그렇게 놀래?"

"이게 놀랍지 않으면 뭐가 놀랍겠냐? 난데없이 회장을 새로 뽑자고 하더니 나를 추천하는 이유가 뭐야?"

"아까 얘기했잖아. 내가 계속 회장을 하면 농구장을 사용하는 게 더 힘들어질 거야. 너는 친구들하고도 잘 어울리고 후배들도 잘 챙겨주니까 농구부 주장이랑 친하게 될 수도 있고."

아, 이건 도대체 무슨 꿍꿍이일까요? 회장을 새로 뽑는 일은 그렇다 치더라도 나를 추천하는 이유를 도무지 알 수가 없습니다. 회장이라면 쾌활하기로 이름 난 인석이도 있고, 의젓하고 믿음직스러운 성윤이도 있는데, 왜 하필 나를 추천한 것인지…….

동아리 친구들은 잠시 웅성거리더니 회장의 부탁을 흔쾌히 들어주었어요. 아무리 작은 동아리의 회장을 뽑는 일이라지만 너무 간단하게 결정이 난 것 같습니다. 친구들은 회장이 된 것을 축하한다고 박수까지 쳐서 나는 좋다 싫다 말할 틈을 찾지 못했습니다.

　동아리 친구들은 회장 선출까지 무사히 마치고 각자의 집으로 갔습니다. 나는 성윤이와 함께 집으로 향했습니다. 우리들은 한동안 아무 말도 하지 않았어요. 나는 어안이 벙벙해져서 아무 말도 하지 못했던 것이고, 성윤이는 그런 나를 배려하느라고 조용히 걷고 있었던 거예요.

　"회장이 무슨 속셈으로 나에게 회장 일을 넘긴 걸까? 매번 지각이나 하더니, 힘들어서 그런 걸까?"

　"아까 상민이가 얘기했잖아. 친구들하고 다 들어놓고는. 어쨌든 회장된 거 축하해."

　"모르겠다. 회장도 한 일인데 나라고 못 하겠어. 그냥 하면 되지 뭐. 안 그러냐 성윤아?"

　"그래, 넌 잘할 거야."

　"사실 회장은 네가 더 잘 어울리는데! 왜 나한테 시켰지?"

"하하하. 고민 그만하라니까. 집에 거의 다 왔네. 잘 가."

고민을 멈추고 둘러보니 어느새 우리 집 근처에 다다라 있었습니다.

"응, 너도 잘 가. 월요일에 보자."

"응, 안녕."

나는 성윤이와 헤어져 집으로 들어가면서 내내 고민을 했습니다. 어차피 답은 나오지 않겠지요? 그렇다면 고민은 접어두고 앞으로 어떻게 할지 생각해 봐야겠습니다.

2 한 무리를 이끈다는 것은

시끌벅적한 소리에 일어났더니 대낮이었습니다. 어제 시합에서는 구경만 했는데 무척 피곤했던가 봐요. 나는 세수도 하지 않은 채 1층으로 내려갔습니다.

"엄마!"

"아이고, 우리 아들. 이제 일어나셨어. 세수라도 하고 내려오지. 눈곱이나 떼든가."

"엄마는 하나밖에 없는 아들이 배고파 쓰러지면 어쩌려고 안 깨

우셨어요?"

"어제 농구 시합 다녀와서 피곤한 것 같아서 안 깨웠지. 배고프지 않니?"

"아뇨. 어제 치킨을 많이 먹어서 그런지 아직까지 배가 안 고파요. 그래도 저 쿠키 한 봉지만 주세요."

"그래, 이거 먹고 있어라. 좀 이따가 점심 먹자."

"네, 저 올라갈게요."

나는 쿠키 한 봉지를 들고 2층으로 올라왔습니다. 아빠는 외출을 하셨는지 계시지 않았습니다. 나는 쿠키를 먹으면서 텔레비전을 보았습니다. 텔레비전에서는 엘리자베스 여왕에 관한 소식이 흘러나오고 있었습니다.

"인터넷이 보편화된 지금, 영국 왕실에서도 인터넷을 통해 왕실의 생활 모습을 공개하고 있어 화제입니다. 엘리자베스 여왕이 공개한 동영상을 보기 위해 수많은 네티즌들이 U사이트에 몰려들고 있습니다."

아나운서의 목소리에 맞추어 텔레비전 화면에는 엘리자베스 여왕이 공개했다는 왕실의 모습이 비춰지고 있었습니다. 사회 시간에 우리나라의 왕과 왕비, 궁궐 이야기 등을 배우기는 했지만 아직까지 여왕이 다스리는 나라가 있다는 것이 신기했습니다.

"뭘 그렇게 재미있게 보니?"

아빠가 문을 열고 들어오시면서 물으셨습니다.

"뉴스를 보고 있었어요. 영국의 엘리자베스 여왕이 왕실의 모습을 공개했는데 사람들의 관심이 엄청났대요. 그런데 영국에는 왜 대통령이 아니라 여왕이 있어요?"

"그건 나라마다 정치체제가 다르기 때문이란다. 우리나라는 왕실이 없어지고 대통령을 뽑는 민주 정치체제로 발전해 왔어. 그렇지만 군주 정치제제의 전통을 가진 영국의 경우에는 군주인 여왕이 헌법에 따라 나라를 다스린다는 것이지. 최근에는 영국도 왕실의 권한을 줄이고 의회에 그 권력을 넘겨서 민주 정치체제의 한 모습을 가지게 되었단다."

"민주 정치체제는 알겠는데 군주 정치체제는 뭐예요?"

"우선은 정치체제가 무엇인지 알아야 할 것 같구나. 정치체제라는 것은 시민사회 혹은 시민공동체에서 나온 말인데 레짐(Regime)이라 부르기도 한단다. 레짐은 인간의 훌륭한 삶이 무엇인가에 대한 시민들의 합의로 이루어지지."

"시민들이 합의를 하는 거라고요?"

"그래. 다시 말해 인간이 정의롭게 살아가기 위해서 한 집단이 어떻게 운영되어야 하는가가 바로 레짐이라고 할 수 있어."

"아, 그렇구나. 그럼 민주 정치체제나 군주 정치체제는 레짐의 한 종류가 되겠네요?"

"그렇지. 레짐은 누가 통치를 하느냐, 무엇에 근거해서 통치를 하느냐에 따라 여러 가지로 나눌 수 있어. 먼저 군주 정치체제와 참주 정치 체는 왕과 같은 지배자가 통치하는 건데 성격이 달라."

"제일 위에 지배자가 있고, 통치하는데 어떻게 다를 수가 있을까요?"

"군주 정치체제는 법에 의해서 지배되는 반면 참주 정치체제는 지배자의 마음대로 통치되는 거야. 또 귀족 정치체제와 과두 정치체제는 소수의 지배자가 통치하는 것인데, 귀족 정치체제는 법에 의해, 과두 정치체제는 지배자의 마음대로 통치되는 것이란다."

 나는 아빠의 말씀을 듣고 다른 방식으로 통치되는 나라가 있다는 것을 처음 알게 되었어요. 그동안 나는 우리나라처럼 모든 나라들이 다 민주정치를 하고 있는 줄 알았거든요. 아빠는 영국을 비롯해서 네덜란드, 스웨덴, 덴마크, 노르웨이, 벨기에, 룩셈부르크, 스페인 등의 나라에는 아직도 군주 정치체제의 잔재가 남아 있다고 하셨어요.

"아빠, 여러 가지 정치체제 중에서 가장 바람직한 정치체제는 뭐예요?"

"글쎄, 어떤 정치체제가 가장 바람직한 것인지 대답하는 일은 매우 어려워. 물론 통치자의 마음대로 지배되는 참주 정치체제와 과두 정치체제는 옳지 않지만 우리에게 익숙하지 않은 군주 정치체제와 귀족 정치체제도 장점을 가지고 있기 때문이야."

"그래도 그중에서 제일 좋은 게 있을 거 아니에요."

"음. 고전 철학자인 아리스토텔레스는 여러 정체 중에서 민주 정치체제를 가장 바람직하다고 주장했단다. 한 집단에 속해 있는 다수의 계층이 헌법을 근거로 그 집단을 이끌어나가는 것이 가장 옳다고 생각한 것이지."

"그럼 우리나라의 정치체제가 좋은 거네요."

"네 말을 듣고 보니 그렇구나. 우리 지훈이가 요즘 들어 공부를 열심히 하는 것 같네."

"다 아빠 덕분이에요. 히히히."

"하하하, 아빠한테 아부도 할 줄 알고 대단한데!"

그때 현관문이 벌컥 열리더니 엄마가 들어오셨습니다.

"아니, 부자가 무슨 이야기를 그렇게 재미나게 하느라고 웃음소리가 아래층까지 들려요? 괜히 샘이 나서 얼른 올라왔네. 이제 담소는 그만 나누고 점심 준비해요."

"넵, 알겠습니다."

우리 가족은 다 같이 점심 준비를 했습니다. 엄마는 야채를 다듬으시고, 아빠는 생선을 손질하시고, 나는 쌀을 씻어서 밥통에 안쳤습니다. 우리 가족은 서로서로 도와서 맛있는 점심을 함께 먹었습니다.

다음날 아침 등교하자마자 나는 체육 선생님께 불려갔어요. 회장이 된 후 처음으로 학교에 온 날인데, 벌써부터 조금 귀찮다는 생각이 들었습니다.

"선생님, 안녕하세요?"

"그래, 지훈아. 무슨 일이니?"

"선생님께서 찾으신다고 해서 왔는데요."

"어? 상민이는?"

"네, 제가 오늘부터 회장을 맡기로 했어요."

"그래? 상민이 녀석 그렇게 쫓아다니면서 귀찮게 할 때는 언제고, 깁자기 왜 그민 둔 기냐?"

"동아리를 그만 둔 건 아니고요, 회장 일만 저에게 넘긴 거예요."

"어쨌든 잘됐다. 내가 상민이 때문에 아주 귀찮아서 혼났거든. 농구장을 사용하게 해 달라고 어찌나 조르던지, 너희 모임이 있는 날에는 찾아와서 조르고 또 조르고. 그뿐이냐? 한 번만이라도 와서 농구하는 것 좀 봐 달라, 농구 시합에 와 달라, 부탁도 얼마나 많은지."

나는 선생님의 말씀에 깜짝 놀라 선생님의 얼굴을 쳐다보았습니다. 이건 내가 회장으로 추천되었을 때보다 더 놀라운 일이에요. 그렇다면 그동안 회장이 지각을 했던 이유가 따로 있었다는 거잖아요. 우리 동아리 친구들이 회장을 기다리는 동안 회장은 선생님께 부탁을 드리고 있었다는 건데 정말 믿을 수가 없었습니다.

"그런 눈으로 쳐다볼 거 없어. 농구부 일만으로도 벅찬데, 어떻게 일일이 농구 동아리까지 신경을 쓰니? 그래도 약속을 했으니까 꼭 지키마."

"무슨 약속이요?"

"몰라서 물어 보냐? 이번 시합에서 이기면 일주일에 두 번 농구장을 빌려주고 가끔씩 내가 농구하는 거 지도해 주기로 했잖아.

이번 시합 상대가 엄청 잘하는 동아리라 약속을 했던 건데 너희들이 이길 줄은 예상도 못했다. 너희들이 졌으면 이참에 농구 동아리를 없애려고 했는데. 아무튼 노력이 가상해서 선생님이 열심히 도와주기로 마음먹었으니까 이제부터라도 잘 지내보자."

아, 이건 또 무슨 말씀이신지……. 회장은 우리에게 그냥 중요한 시합이라고, 이번 시합에서 이기면 농구장을 쓸 수 있을지도 모른다고만 했습니다.

"고맙습니다. 선생님."

"이번 주말에는 농구부가 전지훈련 가니까 농구장을 써도 좋다. 금요일에 농구장 열쇠 받아가렴."

"네, 알겠습니다."

"그럼 이제 가 봐."

"네, 안녕히 계세요."

나는 얼이 빠진 상태로 교무실을 나왔습니다. 선생님이 하시는 말씀은 다 처음 듣는 이야기니까요. 도형의 넓이를 구하는 수학 문제도 아닌데, 이상하게도 빨리 이해가 되지 않았습니다.

3 훌륭한 공동체와 훌륭한 지도자

나는 멍한 얼굴로 교실을 향했습니다. 그러다가 계단에서 성윤이를 만났습니다.

"야, 너 표정이 왜 그래? 꼭 귀신을 본 사람 같잖아."

"회장이 귀신일지도 몰라. 우리를 감쪽같이 속였어."

"왜? 무슨 일 있었어?"

"성윤아, 나 어떡하지? 회장한테 미안하다고 사과를 해야 하는 건가?"

"왜 회장한테 사과를 하는데?"

"일단 이리 좀 와 봐."

나는 성윤이를 복도 끝으로 데려갔습니다. 그리고 심호흡을 한 번 하고 나서 체육 선생님께서 말씀하셨던 이야기를 전해 주었어요. 회장이 모임이 있는 날마다 체육 선생님을 찾아가서 부탁을 드렸던 일, 회장이 체육 선생님이랑 이번 시합 결과로 약속을 했던 일, 우리 동아리가 이겨서 체육 선생님께서 농구장을 빌려 주시고 동아리 지도를 해 주시기로 한 일 등을 말이에요. 성윤이도 내 이야기를 듣고 조금 놀란 듯했습니다.

"와, 그런 일이 있었구나. 회장 혼자 힘들었겠다."

"그러니까 말이야. 우리한테 얘기했으면 같이 부탁도 드리고 시합도 더 열심히 했을 거 아냐? 난 아무 것도 모르고 회장에게 투덜거리기만 했는데 미안해서 어떻게 해야 할지 모르겠어."

"이제 알았으니까 상민이에게 사과하면 되지, 뭐."

"사과를 하는 것도 문제지만 앞으로 어떻게 해야 할지도 걱정이야. 내가 과연 회장 역할을 잘할 수 있을까? 난 회장처럼 선생님께 부탁드리는 것도 잘 못하겠고, 농구부 주장이랑 대결할 자신도 없어."

"꼭 그렇게 해야 회장 역할을 잘 하는 건 아니니끼 너무 걱정하지 마. 너는 너만의 방식으로 우리 동아리를 이끌어 나가면 되는 거잖아."

나는 어제 뉴스에서 들었던 영국왕실의 이야기가 생각났습니다. 나는 왕이라고 하면 맛있는 음식을 먹고 좋은 옷을 입으면서 편하게 지내는 사람인 줄만 알았어요. 그러나 국민들의 사랑과 존경을 받으려면 영국왕실은 꾸준히 노력을 해야겠죠?

사랑과 존경까지는 아니더라도 내가 어떻게 해야 우리 동아리를 잘 이끌어나갈 수 있을까요?

"상민이가 자신의 이익이 아니라 동아리를 위해서 애썼다는 것은 대단하지만 우리와 의견을 나누지 않은 것은 단점이 될 수도 있어."

"네가 웬일이냐? 상민이를 흉볼 때도 있고."

"흉을 보는 게 아니야. 여러 사람들이 모인 공동체에서 가장 좋은 방법이 무엇인지 결정하는 것은 어렵다는 말이지. 현명한 지도자가 한 집단을 이끌어 나가는 것도 좋은 방법이지만 공동체 내의 모든 사람이 합의를 통해 문제를 해결해 나가는 것도 좋은 방법이거든."

나는 아빠께 들었던 레짐이 기억났어요. 레짐은 한 시민사회의 성격이나 특징을 의미하는데 그 사회가 가장 존경할 만한 가치가 있다고 여기는 것에 의해 정해진다고 했잖아요.

만약 훌륭한 귀족들에 의해 사회가 지배되는 것이 가치 있다고 생각한다면 그 사회의 레짐은 귀족 정치체제이겠지요?

실제로 플라톤은 철학자들에 의한 귀족 정치체제를 최선의 레짐으로 여겼습니다. 플라톤이 귀중한 가치를 완벽하게 갖춘 사람이 철학자라고 여겼기 때문이지요. 철학자는 지배하려는 욕망을 갖고 있지 않은데다가 진리를 추구하는 사람들이므로 공동체의 구성원들이 존경할 만하다고 주장했습니다.

하지만 철학자들에 의한 레짐은 현실적으로 불가능했어요. 소수의 철학자가 다수의 현명하지 못한 사람들을 강제로 통치할 수가 없었거든요. 현명하지 못한 다수가 철학자들을 현명하다고 인정해야 했는데, 결국 철학자들은 현명하지 못한 다수를 설득하지 못했습니다. 뿐만 아니라 현명한 철학자인 소크라테스는 현명하지 못한 다수의 시민들 때문을 죽음을 맞이해야 했지요.

"그래, 네 말이 맞아. 현명한 지도자가 되기도 어려운 일이고, 가

장 좋은 레짐이 현실적으로 존재하기도 매우 어려운 일이야."

"오, 대단한 걸. 레짐은 정말 어려운 말인데, 레오 스트라우스는 플라톤과 아리스토텔레스의 생각을 종합해서 가장 좋은 레짐에 대한 의견을 정리했어."

"어? 그래?"

"레짐은 공동체의 구성원들이 귀중하다고 여겨서 결정된 것이야. 그래서 더 높고 큰 권위를 갖게 되는데, 그 권위보다는 진리를 추구하기 위해 노력하는 지도자가 되기는 정말 힘들다는 거야. 오히려 겉으로는 자연권을 내세우면서 속으로는 다수의 저급한 욕구에 영합하는 지도자가 인정받기가 더 쉽다고 했어. 그래서 우리가 보기에는 말도 안 되는 참주 정치체제가 존재하기도 했지."

"가장 좋은 레짐이 존재하려면 훌륭한 지도자도 필요하지만 공동체의 구성원들도 훌륭해야겠구나. 모두가 다 진리를 추구하고 가치 있는 것이 무엇인지 알고 동의할 수 있어야 하니까 말이야."

"그래. 그러니까 너무 걱정할 필요 없어. 우리 동아리를 레짐에 비유한다면 회장을 지도자에 비유할 수 있을 테니까 회장이 완벽하게 훌륭하고 현명하기는 원래 힘든 거야."

나는 성윤이의 말에 조금 위안을 받았습니다. 하지만 우리 동아리를 훌륭한 공동체로 이끄는 현명한 지도자가 되고 싶은 욕심이 생겼습니다. 비록 현명한 철학자가 되기는 불가능하더라도 그렇게 되려고 노력하겠다고 마음먹었습니다.

최상의 레짐(Regime)을 찾아서

  레짐(Regime)이라는 말은 '시민들의 사회'를 뜻합니다. 아테네 도시 국가에서 '정치'는 '시민들의 사회생활'을 의미합니다. 따라서 레짐은 시민들의 사회생활이 펼쳐지는 장소를 말합니다. 레오 스트라우스도 정치를 '시민들의 사회생활'이라고 봅니다.

  가장 좋은 레짐은 힘이나 돈이 아니라 지혜에 의해서 통치되는 것을 뜻합니다. 가장 좋은 레짐과 정당한 레짐 간의 차이는 고귀한 것과 정당한 것 사이의 구분에 그 뿌리를 두고 있습니다. 고귀한 것은 모두 정당하지만 정당한 것이 모두 고귀하지는 않습니다. 친구에게 돈을 빌렸다면 갚는 것은 정당하지만 고귀하다고 말하지 않습니다. 처벌을 받는 행위는 정당하지만 고귀하지 않은 것과 같습니다. 또한 보상을 바라고 행한 일들 사이에서 정당하게 보상되어야 하는 것에 그쳐서는 최상의 레짐이 될 수 없습니다.

이것은 법과 자연권에 기초한 사회가 다르다는 사실을 뜻합니다. 사람들이 각자의 양심에 따라서 사는 사회는 고귀할 것이며, 비양심적으로 사는 사회는 정당할 수는 있어도 고귀하지는 않습니다. 가장 좋은 레짐은 양심적으로 사는 시민들의 생활방식을 의미합니다. 따라서 레오 스트라우스에 따르면 가장 좋은 레짐은 자연권에 근거한 시민의 사회생활이 숨 쉬는 곳입니다.

레짐은 한 시민사회의 성격 또는 특징으로 그 사회가 가장 존중하거나 존경할 만한 가치가 있다고 여기는 것에 의해 정해집니다. 한 시민사회에는 여러 가지 습관이나 태도가 있을 수 있고, 그중 가장 귀중하게 여겨지는 생활방식도 있습니다. 그리고 그것을 완벽하게 실현시킨 사람들이나 사회의 우월성과, 그 우월적인 권위는 인정받게 됩니다. 예컨대 레짐은 한 시민사회의 구성원의 성격에 따라서 참주정도 될 수 있고, 민주정도 될 수 있습니다.

단절을 극복하자 ─ 밀교적 저술 방법

레오 스트라우스에 의하면 크세노폰의 《키로스 교육론》은 역설적으로

우리에게 '정의롭게 살라' 는 교훈을 줍니다. 페르시아 왕 키로스는 귀족들에게 고귀한 삶의 방식보다는 정당한 삶의 방식에 대해서 가르쳤습니다. 그 결과 통치되는 지배는 사라지고 지배를 통해 얻어질 보상을 생각하는 참주만이 남게 되었습니다.

페르시아는 키로스의 통치가 끝나고 멸망의 길을 가게 되었습니다. 반면, 레오 스트라우스에 따르면 소크라테스는 정의로운 레짐을 만들기 위해 노력한 사람이었습니다. 그는 스스로 아테네 광장에 나아가 시민들의 의견을 들어주고 자신이 가진 철학과 더불어 시민들과 대화를 나누었습니다. 레오 스트라우스에 따르면 소크라테스는 많은 노력에도 불구하고 시민과 합의에 이르는 일에 실패했습니다. 소크라테스가 죽은 이후에 철학자들과 비철학자들 사이에 단절이 생기고 맙니다. 철학자들은 자신들을 대중이 못살게 굴고 괴롭힐 것이라는 것을 알게 되었던 것입니다.

레오 스트라우스는 이러한 단절을 극복하는 방법을 고대의 '밀교적 저술방법' 에서 찾을 수 있다고 합니다. 밀교적 저술방법은 철학자와 비철학자들 간의 단절을 현실적으로 극복하는 방법입니다.

즉, 첫째 시민들의 의견으로부터 소수인 철학자들을 보호하고 둘째, 비철학자들을 철학의 독단적인 진리로부터 보호하는 두 가지 역할을 합니다. 레오 스트라우스는 플라톤이야말로 처음으로 밀교적 저술방법을 사용한 정치 철학자라고 보았습니다. 스승 소크라테스의 죽음 이후에 플라톤은 밀교적 저술방법을 사용하여 그의 대화편 저작들을 썼다는 것이 레오 스트라우스의 해석입니다.

플라톤이 밀교적 저술방법을 통해 현대의 우리에게 주는 메시지는 '진리와 진리가 아닌 것을 분리시켜라'는 뜻이 아닙니다. '시민들이 서로 존중하고 화해하며 정치를 만들어 나가라'는 것이 플라톤이 우리에게 주는 메시지입니다.

하루 종일 '회장에게 어떻게 사과를 해야 할까' 하고 고민을 했습니다. 성윤이에게 수업이 끝나면 회장을 만날 거라고 했지만 만나면 도대체 무슨 말부터 꺼내야 할지……. 만나자마자 무턱 대고 미안하다고 할 수는 없잖아요. 혹시 내가 회장에 대해 품었던 불평불만들을 꺼내 놓으면 괜히 더 사이가 나빠질까 걱정스럽기도 하네요. 하지만 사과를 꼭 해야 하니까 한 번 부딪혀 봐야겠지요?

수업이 끝나는 종이 울리자마자 나는 서둘러 가방을 챙겼습니다. 회장은 우리 반이 아니기 때문에 늦장을 부리다가는 못 만날지도 모르는 일이니까요.

가방을 어깨에 메면서 부랴부랴 회장네 반으로 갔습니다. 회장은 가방을 챙기고 있었어요. 나는 복도에서 회장이 나오기를 기다리고 있었습니다.

"지훈아, 여기서 뭐 해?"

"응, 너 기다렸어."

"왜?"

나는 뭐라고 대답할지 생각하다가 문득 치킨이 떠올랐습니다.

"어, 갑자기 치킨이 먹고 싶어서 말이야. 너희 어머니께서 만드신 치킨이 어제 저녁부터 눈앞을 맴돌고 있어."

"하하하, 알았어. 같이 가자."

나는 회장과 나란히 길을 걸었습니다. 그동안 우리 둘은 사이가 별로 좋지 않았던 터라 참으로 어색했어요. 나는 침묵을 깨고 어렵게 말을 꺼냈습니다.

"저기, 내가 사과해야 할 게 있는데 말이야. 그동안 내가 널 오해해서 심술도 부리고 그랬어. 정말 미안해."

"네가 심술부릴 만도 하지. 매번 모임에 늦고 내 맘대로 차례까지 바꿨잖아. 오히려 내가 미안하다고 해야지."

"오늘 체육 선생님께 얘기 들었어. 네가 혼자서 선생님을 설득하느라고 얼마나 고생을 했는지. 그래서 모임에 늦었던 건데 내가 잘 몰라서 투덜거리기만 했어. 이번 시합 때도 내가 조금만 양보했으면 괜찮았을 걸 정말 미안해."

"아니야. 혼자 멋진 척하려고 그런 거야. 히히히."

"혼자 고생하지 말고 우리한테 얘기를 하지 그랬냐?"

"그게 말이야, 모두 다 교무실에 가서 선생님을 조르고 있으면 다른 선생님께도 피해를 주고 우리들도 너무 힘들잖아. 차라리 나 혼자만 고생을 하면 다른 친구들은 그 사이에 농구 연습을 하면서 기다릴 수 있을 거라고 생각했어."

알고 보니 회장은 참 멋있는 친구네요. 혼자 멋진 척을 하려고 그랬다지만 그것도 다른 사람이 알아야 멋져 보이는 것 아니겠어요? 우리 동아리 친구들은 이런 사실을 전혀 몰랐을 테니 회장은 진짜 회장의 역할을 열심히 해내고 있었던 거예요.

"넌 참 생각도 깊다. 이번 시합에 대해서는 말해도 괜찮았을 텐데."

"그거야 말로 친구들한테는 말을 할 수가 없었어. 체육 선생님께서 이번 시합에서 이기면 도와주시겠지만 지면 우리 동아리를 없애겠다고 하셨거든. 이 사실을 친구들이 알았다면 누가 시합에 나가려고 했겠어? 시합에 나가게 된 친구들이 너무 부담을 느껴서 오히려 경기를 잘 못할수도 있잖아."

"만약에 시합에 졌으면 어쩔 뻔 했니?"

"그러게 말이야. 나도 경기 내내 얼마나 진땀을 뺐는지 몰라. 시합에 이겨서 다행이었지 졌으면 울면서 치킨을 먹을 뻔 했잖아."

회장은 땀을 닦는 시늉을 하면서 웃었습니다. 나도 회장을 따라 웃었습니다.

"지금 생각해 보니까 내가 잘한 짓만은 아닌 거 같아. 열심히 하려고 그랬던 건데 나 혼자 결정해 버린 일이 많더라고. 너는 다른 사람들이랑 사이도 좋고 너를 믿는 친구들도 많으니까 잘 할 수 있을 거야."

"상민아, 고마워. 어찌 됐든 네 덕분에 우리 동아리가 무사한 거 아니겠어."

나는 쑥스럽지만 진심으로 고마움을 표시했습니다. 그때 갑자기 회장이 내 손을 덥석 잡았습니다.

"야, 징그럽게 왜 이래?"

"너무 기뻐서 그래."

"뭐가?"

"네가 나한테 이름을 불러준 건 처음이잖아. 매일 회장, 회장, 그렇게 불러서 좀 섭섭했었어."

"내가 그랬나. 앞으로는 이름 많이 불러 줄게. 계속 네 이름만 불러서 귀찮을 일 잔뜩 시킬 거야. 하하하."

"회상님이 시키는네 해야지, 뭐. 하하하."

나는 모르는 척했지만 사실 상민이가 얄미워서 일부러 회장이라고 불러왔습니다. 그러나 앞으로는 꼭 상민이라고 불러줄 거예요. 수연이가 이 녀석을 좋아하는 건 여전히 마음에 들지 않아도 상민이는 참 좋은 친구니까요.

"상민아. 너 혹시 이수연이라고 아니?"

"이수연? 글쎄, 잘 모르겠는데. 수연이가 누구야?"

"모르면 됐어. 빨리 가서 치킨 먹자. 나 배고파."

"우리 치킨 먹고 나서 농구 게임이나 한 판 할까?"

"좋지. 내가 농구 시뮬레이션 게임은 너한테 지지 않을 걸."

"그거야 해 보면 알겠지."

우리는 치킨 가게 앞까지 신나게 뛰어갔습니다. 숨이 턱 밑까지 차서 우리는 크게 심호흡을 했습니다. 다른 사람들이 우리를 보면 똑같이 팔을 벌렸다 오므리면서 심호흡을 하는 모습에 저절로 웃음이 나왔을 거예요.

우리는 치킨을 맛있게 먹고 농구 게임을 했습니다. 아직까지는 내가 연속으로 두 번이나 이겼어요.

"야, 너는 농구를 그렇게 잘하면서 농구 게임은 왜 이렇게 못 하냐? 너

일부러 봐 주면서 하는 거지?"

"아냐, 아냐. 네가 너무 잘해서 나는 패스하기도 힘들다고. 오늘부터 네가 농구 게임을 가르쳐 주면 되겠네."

"좋아. 특별히 가르쳐 주지."

그 뒤에도 상민이는 번번이 게임에서 졌지만 내가 보기에는 일부러 져 주는 듯했습니다. 상민이는 생각이 깊은 친구니까 내가 지게 되면 속상할까봐 배려하는 것이겠지요?

하지만 나는 농구 게임에서 이기고 지는 것이 중요하지 않았습니다. 오늘 멋진 친구와 가까워지게 되었고, 수연이와 친하게 지내는 일이 내게 더 유리하다는 것을 알게 되었으니까요.

지금부터 나는 상민이보다 더 훌륭한 회장이 되도록 노력할 거예요. 내 주위에는 멋진 친구들이 많으니까 어렵지 않을 거라고 생각해요.

통합형 논술
활용노트

01   다음 제시문들은 모두 본문 동화의 일부입니다. 읽고 물음에 답하세요.

(가)

애니메이션에는 뚱뚱한 소년과 마른 소년이 나왔습니다. 자기 몸에 잘 맞지 않는 옷을 입고 말이지요. 뚱뚱한 소년은 몸에 꽉 끼는 작은 셔츠를 입고, 마른 소년은 너무 헐렁한 큰 셔츠를 입고 있었습니다. 두 소년은 아버지가 사 주셨다며 서로에게 자랑을 했는데 옷 크기가 맞지 않아 별로 좋아 보이지는 않았어요.

그때 갑자기 지팡이를 든 노인이 나타나서 뚱뚱한 소년의 작은 셔츠를 벗겨 마른 소년에게 주고 마른 소년의 큰 셔츠를 벗겨 뚱뚱한 소년에게 주었습니다. 두 소년은 자신의 몸에 꼭 맞는 셔츠를 입고 기뻐하면서 애니메이션은 끝이 났습니다.

(나)

"글쎄. 의견 차이가 날 만한 일도 별로 없었지만, 있다 해도 간단하게 다수결을 이용하는데."

"다수결이요?"

나는 다수결의 원칙에 대해 생각해 보았습니다. 다수결의 원칙은 우리나라처럼 민주주의 국가에서 많이 사용하는 방식이라고 수업 시간에 배웠

어요. 어떤 문제를 결정할 때 많은 사람들이 원하는 쪽으로 결정을 내리는 방식이지요.

하지만 농구 시합의 출전 여부를 다수결의 원칙으로 결정하는 것은 말도 안 되는 일입니다. '지훈이가 이번 농구 시합에 나가야 한다고 생각하는 사람 손들어 보세요'라고 할 수는 없잖아요.

"엄마, 다수결 말고 다른 방법은 없어요?"

"부녀회에서 다수결로 결정할 수 없는 일이 뭐가 있겠니? 다들 익숙하고 편해서 좋아하는데 말이야."

(다)

"루소 님이 말씀하시길, 인간은 누군가를 친구로 사귀기보다는 혼자서 숲속을 자유롭게 다니며 살았던 존재래."

"오, 공부 좀 했나 본데. 그렇지만 루소 님이 아무리 그런 주장을 하셨어도 사람들은 모여서 살아가고 있잖아. 인간은 누구나 가족을 만들고, 가족이 모여서 자연스럽게 사회가 형성된다. 이 말이 더욱 공감되지 않니?"

"하긴, 혼자 살기에는 너무 위험하니까 마지못해 사회를 형성했다는 루소의 말보다 낫긴 하다."

"그렇지? 다른 동물들과 마찬가지로 공동체를 이루고 살아가는 인간의 모습은 본능적인 거나 다름없다고."

(라)

"아빠, 여러 가지 정치체제 중에서 가장 바람직한 정치체제는 뭐예요?"

"글쎄, 어떤 정치체제가 가장 바람직한 것인지 대답하는 일은 매우 어려워. 물론 통치자의 마음대로 지배되는 참주 정치체제와 과두 정치체제는 옳지 않지만 우리에게 익숙하지 않은 군주 정치체제와 귀족 정치체제도 장점을 가지고 있기 때문이야."

"그래도 그중에서 제일 좋은 게 있을 거 아니에요."

"음. 고전 철학자인 아리스토텔레스는 여러 정치제 중에서 민주 정치체제를 가장 바람직하다고 주장했단다. 한 집단에 속해 있는 다수의 계층이 헌법을 근거로 그 집단을 이끌어가는 것이 가장 옳다고 생각한 거지."

위 제시문들은 모두 사회가 만들어지고 발전함에 따라 생기는 문제들을 이야기하고 있습니다. 사람들이 모여 살며 사회를 이루게 되는 과정을 상상해 보세요. 그리고 그 과정에서 어떤 문제들이 생기는지 동화 순서와 상관없이 제시문들의 순서를 정해보고 그 이유를 설명해 보세요.

02 다음 제시문을 읽고 문제에 답하시오.

(가)

"유가야, 시끄러워도 잘 들어라! 옛날에 송나라 임금 '양공'이 초나라의 군사와 강을 사이에 두고 전쟁을 하고 있었단다. 송나라의 군사는 이미 전열을 갖추었지만 초나라 군사는 아직 다 강을 건너지 못했지. 그러자 송나라 장군이 말했어. '폐하, 초나라 군사는 많고 우리 군사는 적습니다. 하지만 초나라 군사가 강을 반쯤 건널 때를 기다려 과감히 공격하면 우리가 반드시 이길 수 있습니다'라고 말이야."

"그래서?"

"하지만 송나라의 임금 양공은 이렇게 말했단다. '듣거라! 군자가 말하기를, 전열을 갖추지 못한 적을 공격하지 말라고 했노라. 지금 초나라 군사가 물을 다 건너오지도 않았는데, 저들을 공격하면 옳지 않도다. 비겁한 짓이도다. 때문에 초나라 군사가 다 건너와 스스로 진지를 만든 다음에야 정정당당하게 공격하겠노라.' 이게 바로 유가 네 머릿속과 같은 짓이다."

"어쭈! 꼴뚜기가 뛰네!"

"성인군자는 전쟁터에서도 성인군자란 말이야."

"그러나 이 어리석은 유가야. 끝까지 잘 들어. 송나라의 장군이 다시 말하기를 '폐하께서는 우리 군사들은 아끼지 않은 채 어찌 옳고 정당한

것만 따지십니까?' 라고 물었지. 그러자 양공은 화를 버럭 내며 장군으로 하여금 자기 자리로 돌아가게 했단다. 그 이후 어떻게 되었겠니?"

"멋지게 싸웠겠지."

"쯧쯧쯧. 급기야 초나라 군사가 강을 다 건너와 전열을 갖추고 진지를 구축했단다. 그런 다음 어떻게 되었겠니? 송나라 군사는 그야말로 막강한 초나라 군사와의 싸움에서 크게 패하고 말았단다. 양공도 허벅다리에 상처를 입은 채 3일 만에 죽고 말았지. 바로 이것이야. 대책도 없이 명분을 내세우고 정당함을 내세우고 사람의 도리만을 내세우다 크게 화를 당해 버린 것이지. 참 우습게 되지 않았냐?"

– 《한비자가 들려주는 상과 벌 이야기》 중

(나)

"그럴 거야. 어떤 한쪽만 정당하다고 할 수는 없단다. 평등의 가치가 무시되더라도 뛰어남을 강조할 것인지, 뛰어남이 무시되더라도 평등을 강조할 것인지는 개인의 도덕적 선택에 따라 달라지거든."

"하지만 어떤 것이 가치 있는지를 결정할 때 개인이 중요하게 여기는 도덕에 따라 결정하면 갈등이 점점 더 심해질 거 같은데요?"

(······)

"그렇구나. 그러면 레오 스트라우스는 어떤 것이 가치 있는 것이라고 생

각했어?"

"레오 스트라우스는 모든 가치의 기준이 되고 도덕성의 뿌리이며 영원 불변한 것을 진리라고 했어. 그 진리를 담은 사상이 바로 철학이야. 따라서 우리는 절대적이고 자연적인 진리를 담은 철학을 기준으로 가치를 판단하고 행동해야 한다는 거야."

"맞아. 가치가 시시때때로 변한다면 사람들은 저마다 자신의 생각이 가치 있는 거라고 주장할 거야. 그렇게 된다면 결국 힘이 센 사람의 주장이 가치 있는 것이 되겠지?"

성윤이는 말없이 고개를 끄덕끄덕 했습니다. 그때 장내가 너무 소란스럽다고 생각하셨는지 엄마가 큰 소리로 말씀하셨습니다.

－《레오 스트라우스가 들려주는 정치 이야기》 중

1. 제시문(가)의 대화를 읽은 후 여러분이 송나라의 임금 양공이었다면 어떻게 하였을지 써 보세요.

2. 여러분이 [문제1]에서 답한 것을 자세히 읽어보세요. 그리고 제시문(나)에서 레오 스트라우스의 가치 기준을 설명하고, 레오 스트라우스의 가치 기준에 빗대어서 [문제1]을 다시 생각하고 말해 보세요.

통합형 논술
문제풀이

문제풀이

01 사회가 만들어지려면 일단 사람과 사람이 만나서 모여 살기 시작해야 합니다. 따라서 공동체를 이루고 살아가는 인간의 특성을 이야기하는 (다)가 첫 번째입니다. 사람이 모여 살기 시작하면 누구는 잘 살고 누구는 못살게 되는 차이가 생깁니다. 못사는 사람들은 불만이 생기고 이를 해결하기 위한 방법을 찾게 됩니다. 사회 구성원 모두가 만족하려면 평등한 대우를 받아야 합니다. (가)는 평등의 기준이 되는 형평성을 이야기하고 있고, (나)는 형평성을 실천하는 방법을 이야기하고 있습니다.

(다), (가), (나)의 발전 과정을 거치며 사회는 규모가 커져 국가로 거듭납니다. 국가는 수많은 사회 구성원들을 효율적으로 다스리기 위해 통치제도를 만듭니다. (라)에서 알 수 있듯이 인류 역사에 다양한 통치제도가 있었습니다. 왕이 다스리는 군주 정치제, 왕과 귀족이 다스리는 귀족 정치제를 거쳐 오늘날엔 선진국 대부분이 시행하고 있는 민주 정치제가 가장 바람직한

제도로 여겨지고 있습니다.

02 1. 성인군자의 가치관에 따라 전쟁터에서도 군자의 도리를 지키는 양공의 모습이 매우 곧게 보입니다. 하지만 전쟁이란 것은 뒤돌아 서 있는 자의 뒤통수를 쳐서라도 이겨야지 나라와 백성과 군사가 안정될 수 있습니다. 결국 양공 자신의 선택으로 많은 군사와 백성을 잃었습니다. 만약 저라면 전쟁의 도리를 지킬 것이 아니라 국가와 백성에 대한 도리를 지키기 위해 적군을 먼저 쳤을 것입니다.

2. 레오 스트라우스는 가치의 기준을 철학에서 찾았습니다. 철학은 변하지 않는 절대적인 진리를 찾는 학문입니다. 즉 가치의 기준도 절대적인 기준이 있어야 합니다. 시대와 상황에 따라서 가치가 변한다면 그것은 가치라고 부를 수 없습니다. 제시문 (가)는 송나라 장군과 임금이 생각하는 가치가 다르다는 점을 잘 보여 주고 있습니다. 결국 장군보다 힘이 센 임금의 가

치대로 일을 하긴 했지만 결국 많은 백성과 군사를 잃었습니다. 결국 힘이 센 사람의 주장이 가치 있는 것도 아니며, 예전부터 전해 내려 온 것이 가치인 것은 아닙니다. 송나라 임금 양공은 당시 상황에서 다른 사람의 생각을 잘 들어 보고, 어떻게 해결해야 하는지 대화를 통해서 합의를 해야합니다. 그리고 변하지 않는 가치를 믿고 그대로 실행을 해야 올바른 임금으로 백성과 나라를 다스릴 수 있습니다.